EIN EWIGES WERDEN

MATTHIAS STROLZ | SEI PILOT*IN DEINES LEBENS

5 Schritte zur persönlichen Entfaltung

MATTHIAS STROLZ

SEI PILOT DEINES LEBENS

5 Schritte zur persönlichen Entfaltung

Brandstätter

INHALT

Vorwort

Dieses Buch ist für all jene geschrieben, die ein echtes Interesse daran haben, sich selbst zu entdecken und zu entfalten.

Wir alle kommen in unserem Leben immer wieder an Punkte, an denen ein neues Kapitel beginnt – oder beginnen sollte. Abschlüsse, Umbrüche, Einschnitte. Manches kommt zu einem vorhersehbaren Anfang oder Ende, beispielsweise in der Ausbildung, bei beruflichen Positionen oder bei Betreuungsaufgaben als Eltern oder Angehörige. Anderes tritt mitunter unerwartet in unser Leben: Liebe, Krankheit, der Tod von uns nahestehenden Menschen, das Ende einer langjährigen Beziehung oder andere, überraschende Entwicklungen. Plötzlich stehen Fragen im Raum. Wie geht es weiter? Was ist jetzt richtig? Wie wird es gut?

Über mehr als 25 Jahre habe ich Menschen in solchen Veränderungsprozessen begleitet. Als Coach, als Berater und als Führungskraft. Auch ich selbst habe mich privat und beruflich immer wieder neu erfunden. Zuletzt bin ich über eineinhalb Jahre durch eine solche Phase der persönlichen Neuerfindung gegangen. Dabei habe ich mich aufmerksam beobachtet. Die Konzepte und Instrumente, die ich als Unternehmer und Coach verwende, habe ich auf mich selbst angewandt, habe Muster entdeckt und manches persönliche Neuland betreten.

Auf Rückzug in den Reisfeldern Indiens kam ich zu dem Schluss, dass eine bewusste, persönliche Neu(er)findung einer ganz spezifischen Grammatik und Dramaturgie folgt. Auf Basis dieser Beobachtungen und Erfahrungen habe ich die „High-Five der persönlichen Entfaltung“ entwickelt. Sie sind das Leitmodell dieses Buches und beschreiben jene *fünf Schichtungen*, in welche ein solcher Findungsprozess – idealerweise – gebettet ist. Jeder

Schichtung ist ein Kapitel gewidmet, in dem ich diesen Schritt zur Entfaltung detailliert ausleuchte. Um schichtungsspezifische Dynamiken wie auch die Anwendung von Techniken und Instrumenten zu illustrieren, berichte ich von zahlreichen Begebenheiten, Begegnungen und Erfahrungen.

Bevor ich das Modell der „High-Five“ darstelle und in die detaillierte Beschreibung der fünf Schichtungen gehe, wähle ich für den Einstieg bewusst einige sehr persönliche Schilderungen. Ich zeige mich selbst als Veränderungsreisender – mit meinen Wahrnehmungen, Sorgen und Freuden, mit meinem Leuchten und meiner Verletzlichkeit. Ich zeige mich im Wachsen, denn unser Leben ist ein ewiges Werden.

Es ist meine tiefe Überzeugung: Veränderung im menschlichen Leben ist gestaltbar. Wir sind die Piloten unseres Lebens, nicht Passagiere! Zu dieser Einsicht will ich ermutigen. Daher soll dieses Buch Menschen dabei unterstützen, ihr Leben aktiv zu gestalten, sich immer wieder neu zu finden und sich positiv zu entfalten.

Jede und jeder ist anders. Das anzuerkennen, ist mir wichtig. Daher wird nicht alles, was du hier findest – ich habe für die persönliche Ansprache auf dieser „gemeinsamen Reise“ das Du gewählt –, für dich gleich stimmig sein. Manches wird auch irritieren. Ich werbe aber für Großzügigkeit: Es ist, wie es ist. „Die Irritation ist die Mutter der Innovation“, sag‘ ich mir in solchen Fällen und lade die Irritation herzlich ein. Oder manchmal auch bewusst mit einem „Jetzt nicht!“ aus.

Die Verdichtungs- und Schreibarbeiten haben mir selbst viel Klarheit gebracht, vor allem über Muster und Logiken, die sich hinter meinem eigenen Sein, Tun und Lassen verbergen. Insofern war dieses Buch für mich eine äußerst spannende Reise. Eine ebensolche wünsche ich dir!

Ich freue mich über dich als Leserin, als Leser. Schön, dass wir uns hier finden. Ich mag diese Form des gemeinsamen Seins und Tuns. Lesen ist Nahrung für Geist und Seele. „Bücher sind fliegende Teppiche ins Reich der Fantasie“, meinte der Schriftsteller James Daniel. In diesem Sinne: Guten Flug!

Du bist die Pilotin. Du bist der Pilot.

Matthias Strolz
Wien, im Sommer 2019

Mittendrin

Es ist vier Uhr morgens. Der Ventilator summt leise, draußen krähen die ersten Hähne. In einer Stunde wird der Hindutempel am anderen Ende des Reisfeldes mit seiner morgendlichen Beschallung beginnen. In zwei Stunden startet meine Behandlung mit Erbrechen durch die Verabreichung von mehreren Litern Flüssigkeit.

„Welche Sorgen soll ich dir nehmen?", funkelt er mich geheimnisvoll an.

Ich bin überfordert. Seine dunklen Knopfaugen sind starr, das abgebrochene Sturmgewehr hält er nahe am Körper im Anschlag. In drei Stunden wird die Sonne hinter den Palmen aufgehen, ein mächtiger gelbgleißender Ball. Bis dahin wird das Leben in einer Üppigkeit aus den Reisfeldern, Palmenhainen und Hausinseln steigen, wie ich es nur in tropischen Dörfern kennengelernt habe: ein Pfeifen und Summen, ein Locken und Krähen, ein Trällern und Brummen.

Im Bett mit dem Revolutionär

Ich werfe mir kurz kaltes Wasser ins Gesicht, da schaut er mich stumm an – der schwarz vermummte Mann. Eigentlich habe ich mich noch nie wirklich mit ihm beschäftigt. Und dass wir nun gemeinsam ein Zimmer im indischen Kerala teilen, war doch eine Überraschung in letzter Sekunde. Ich packe ihn und nehme ihn mit ins Bett.

Interessiert mustere ich ihn von Kopf bis Fuß. Irgendwie bin ich mir nicht sicher, ob ich ihm trauen soll. Ob er wirklich ein Sorgenfresser ist? Jedenfalls ist das sein Zweitjob. Denn eigentlich verkörpert diese Figur in Daumengröße einen amerikanischen Guerillakämpfer. Marke kolumbianischer Schießmich-tot. Oder wie heißen die nochmal? Vier Uhr nachts, ich muss nachdenken. Ach ja, Mexiko, ein Zapatista-Kämpfer. Ein Freund hat ihn mir vor gut einem Jahrzehnt von seinem Abenteuertrip mitgebracht; wohl eine Anspielung auf unsere gemeinsame Faszination für Rebellen. Ich schenkte ihn dann vor einigen Jahren unserer jüngsten Tochter, an einem Abend, als ich sie ins Bett brachte und sie mir von ihren Sorgen berichtete. Weil er ja eigentlich aussieht wie so ein Sorgenfresser-Püppchen, wie es die Kinder lieben. Das abgebrochene Gewehr könnte auch ein Stück Miniatur-Brennholz sein und die dunkle Sturmhaube hat etwas Ulkiges. Jedenfalls war er für meine Tochter über all die Jahre ein aufrechter Bettkamerad; und ist es nun also auch für mich.

„Den geb‘ ich dir mit, Papa. Den kannst du jetzt brauchen.“ Mit diesen Worten lief mir unsere jüngste Tochter vor vier Tagen nach, als ich am Wiener Stadtrand das Haus in Richtung Flughafentaxi verließ. Wie so oft etwas unter Zeitdruck – Spannung muss sein –, aber frohgemut und mit Vorfreude auf das, was nun geschehen sollte. Ich steckte ihn in die rechte Tasche meiner Winterjacke, gab meiner Frau Irene nochmals einen Kuss und war schon unterwegs.

In Mumbai machte ich zwei Tage Zwischenstation im Hotel Empire, bescheiden, aber sauber und freundlich, über einen staubigen Straßenladen gebettet. Ein Stadtviertel, in dem ich der einzige Weiße unter einer Million Indern zu sein schien. Ich lief eine Stunde durch die Straßen und Gassen und erkannte keinen einzigen Ausländer außer mir. Das war spannend; und okay, ich wollte ja nach Indien. Aber ich war doch überrascht, wohin einen das Internet so spülen kann.

Und nun bin ich – ebenfalls kurzfristig gebucht – im Süden des indischen Subkontinents in der Stadt Kottayam angekommen, im Athreya Ayurvedic Centre.

Ich gehe nochmals auf Augenkontakt mit meinem Bettgefährten. „Welche Sorge soll mich noch quälen? Immerhin habe ich vorgestern Abend dreieinhalb Stunden Fahrt auf einer zwei- bis sechsspurig befahrenen indischen Landstraße überlebt“, sage ich mir. „Naja, vielleicht mein schmerzender Rücken? Oder mein Bauchansatz?“ „Da wächst eine kleine Politikerwampe“, hat Irene zu Hause gespottet. Das kann allerdings nicht stimmen, denn ich bin jetzt ja kein Politiker mehr. Ich erfinde mich gerade neu. Und der Bauch wächst weiter. „Naja, vielleicht lass ich ihn hier in Kerala“, spreche ich mir Mut zu.

Dann gibt es da noch ein Thema, das mich zwar noch nicht quält, aber zunehmend beschäftigt. Ich habe vor drei Wochen – vier Tage vor Weihnachten – einen Buchvertrag unterschrieben und soll bis Mai liefern. Unmittelbar nach Indien werde ich mit dem Schreiben beginnen, sagt meine Planung. Vorerst will ich mich aber noch im Runterkommen und Loslassen üben. Vor allem die zwei Ferienwochen zum Jahreswechsel sollten nicht mit einer bindenden Tätigkeit belegt und auch Indien soll noch der Ruhe gewidmet sein.

Es ist wichtig, auf den richtigen Zeitpunkt zu warten.

„Nicht gleich in die nächste Obsession abgleiten“, habe ich mir bereits im letzten Frühjahr geschworen, als klar war, dass ich aus der Spitzenpolitik ausscheiden würde. Diese Entscheidung habe ich auch umgesetzt. Aber jetzt juckt es mich schon irgendwie in den Fingern. Gleichzeitig hat bisher die Klarheit bezüglich Gestalt und inhaltlicher Struktur des Buchvorhabens gefehlt. Es ist seltsam: Irgendwo in meinem Inneren gibt es diese Klarheit, aber ich habe sie noch nicht in eine äußere Form gebracht. Dazu bin ich noch nicht gekommen. Oder die Zeit war noch nicht reif. Auch habe ich diesen Fokus bewusst noch nicht gesetzt.

Mich beim Neuerfinden beobachten

Mein Wecker klingelt und mahnt mich zum Aufbruch. Ich mache mich bereit für mein „Kräuterwasser-Erbrechen“, eine beeindruckende Behandlung zum Start meiner Ayurveda-Wochen: fröhliches Würgen – einmal rein, einmal raus. Wenn alles gut läuft, sollte ich in zwei Stunden erleichtert zurück im Zimmer sein.

Ich bin im Kontext der persönlichen Neufindung sehr fürs „Übergeben“, fürs Loslassen.

Es muss raus! Wir müssen uns leer machen, wenn wir neue Fülle anstreben. Also schreite ich entschlossen zu dem kleinen Häuschen im hinteren Teil des Grundstücks des Zentrums, wo es gleich losgehen wird. Das Kräuterwasser-Erbrechen, so lerne ich, wird der Höhepunkt dieser morgendlichen Anwendungen werden. Zuerst gibt es jedoch ein „Vorspiel“. Damit bin ich sehr einverstanden. Loslassen braucht liebevolle Vorbereitung, achtsame Einbettung und eben – Entschlossenheit. All das ist da.

In Sachen liebevolle Vorbereitung und achtsame Einbettung bin ich im Großen ja schon einige Monate unterwegs, wovon später noch die Rede sein wird. Im Kleinen, also im konkreten Hier und Jetzt, beginnt ein junger Mann namens Bibin um Punkt sechs Uhr mit einer Bauch- und Rückenmassage. Das tut gut. Die Schmerzen im unteren Rücken, die ich mitgebracht habe, sind zwar nicht gewaltig, aber doch so, dass sie mir zunehmend unangenehm werden.

Dort, am Ende der Wirbelsäule, hat sich in den letzten Jahren als Parteivorsitzender und Chef unserer Gruppe im Österreichischen Parlament einiges angestaut. Ich habe einen Kater, meint Dr. Sreejit, der gemeinsam mit seiner Frau das Ayurveda-Zentrum leitet. „Sie haben einen Hangover von ihren sieben Jahren in der Politik", lautet seine Diagnose. Das empfinde ich genauso. Unter anderem deswegen bin ich ja hier – um den Kater loszuwerden; und hoffentlich auch die Rückenschmerzen. Zu meiner Freude sind sie schon am zweiten Tag etwas schwächer oder zumindest erstaunlich anders.

Ich liebe Massagen. Deshalb versuche ich, sie mir bei jeder Gelegenheit zu organisieren. Da habe ich schon einiges erlebt. Von ekstatischen Lumi-Lumi-Massagen im Hawaii-Stil über kunstfertige Thailänderinnen, die auf einem herumsteigen und mit allen möglichen Körperteilen hebeln, bis hin zur halbblinden Masseurin. Doch niemand hat mit nur einer Massage so viel Unterschied gemacht wie Bibin. Offenbar hat dieser leise lächelnde Inder „Magic Hands". Der Schmerz wandert nach unten. Und von dort, so meine Hoffnung, ins Aus.

Direkt anschließend an die Massage folgt „Body Dhara", ein 45-minütiger Körperguss mit warmem Kräuterwasser. Zu Bibin kommt Ashim, etwas größer, etwas breiterer Grinser, fröhlicher Oberlippenbart. Quasi ein schüchterner Skilehrer auf Indisch. Mit ihren zwei Schöpfkellen legen die beiden munter los. Als sie mich so von Kopf bis Fuß begießen, fühle ich mich plötzlich wie eine im Universum querliegende Galaxie, die mit warmem Morgentau getränkt wird. Ich treibe majestätisch durch das Nichts. Als sie sich die Beine vornehmen, bin ich eine ägyptische Sphinx, deren Vorderläufe in flüssiger Sonne baden. Als sie die Rückseite der Beine versorgen, bin ich ein chinesischer Terrakotta-Krieger, der friedvoll im warmen Sumpfbad steht. Als ich mich dann im

Lotussitz aufrichte, mit einem wohligen Wasserstrom über den Schultern, bin ich ein kleiner Buddha.

Sodann werde ich auf den Bauch gedreht und muss kurz warten. Es fröstelt mich. Ich bin ein kleines, nasses Etwas. Die Bilder einer gewendeten Wasserleiche auf dem Seziertisch eines schlechten Krimis schießen mir durch den Kopf. „Sicher nicht", sage ich mir. „Heiter weiter. Von so einem Bild lass ich mich jetzt nicht lähmen." Es funktioniert. Ach, wie schön, dass wir Herren unserer Gedanken sind. Zumindest immer wieder einmal.

Behalten oder Loslassen?

Im Kopf ist viel los, doch nun folgt volle Konzentration. Denn es kommen ein mächtiger Krug mit Kräuterwasser und ein roter Eimer in den Raum. Innerhalb von drei Minuten nehme ich zwölf große Gläser zu mir, bis nichts mehr geht. Dann gebe ich sie in mehreren Anläufen wieder ab. Frisch geduscht und mit einem Lächeln verlasse ich zehn Minuten später den Ort der Tat.

Hinter einer verschlossenen Tür höre ich Didier ringen. Ein sympathisch und abenteuerlich wirkender Franzose, der seit 30 Jahren in der Baubranche in Afrika arbeitet und eine Lebensgefährtin in Schweden hat. Sein Job macht ihm keine Freude mehr und er ist so halb am Sprung, sich neu zu erfinden. Voll entschlossen scheint er noch nicht. Aber es gärt ganz offensichtlich in ihm. Er gießt 14 Gläser in sich hinein, kann dann aber nur zwei abgeben. Sein Vormittag ist also auf der Toilette gebucht. Loslassen ist nicht immer einfach.

Was wir – aus mitunter unerfindlichen Gründen – doch alles an Überflüssigem mit uns herumtragen!

Ich wiederum bin froh, das Prozedere problemlos absolviert zu haben. Stolz wie ein Pfau blinzle ich in die Sonne und begrüße den Tag hiermit ein zweites Mal. Wie ein junger Tropenprinz schreite ich über den gepflasterten Pfad durch die Reisfelder in mein Gästehaus.

Ein paar Minuten später stehe ich auf der Dachterrasse meiner Unterkunft, wärme mich in der Morgensonne und lasse den Blick in alle vier Richtungen schweifen. Die Szenerie kennen wir alle aus Vietnamfilmen: Reisfelder, Palmen und Laubbäume verschiedenster Art, ein paar Häuser zerstreut im saftigen Grün. Nur hier ohne Hubschrauber und sehr friedlich. Ich residiere mittendrin, die ganze Dachterrasse und den Rest der Welt für mich. „Nicht Vietnam, ich bin der Kaiser von China!", grinse ich zufrieden. Vor mir das Tablet, das ich zu Hause verstohlen eingepackt habe, gebettet auf zwei keilartige Yoga-Sitzpölster, die auf der Terrassenmauer balancieren, steht es da wie eine Monstranz. „Das könnte ja für die nächsten zwei Wochen mein Stehtisch zum Schreiben werden", sage ich mir und fühle mich kühn wie Ernest Hemingway.

Doch stopp. Wollte ich nicht innehalten, völlig zur Ruhe kommen und mich ganz der Kontemplation und dem Freiwerden hingeben? Wie viel Entleerung braucht gutes Loslassen?

Wie viel Entsagung braucht die Erholung? Wie viel Abschied braucht ein Neubeginn?

Diese Fragen beschäftigen mich nun schon ein Jahr. Nach dem Frühstück will ich mich ihnen nochmals widmen. Vielleicht sollte ich dazu ja auch meine schamanischen Krafttiere konsultieren? Doch erst mal geht es auf zur Morgenlabung. Die Küchenglocke von drüben ruft mich zum Essen.

Die Zeit ist reif

Darf ich nun also Schreiben oder nicht? Die eindeutige Antwort nach diesem Frühstück ist: Ja. Ich sitze hier in meinem Bett mit vollumfänglicher Erlaubnis an den Tasten. Lea aus Berlin war der Meinung: „Warum nicht?“ Emily aus Australien – hier auf Zwischenstopp, bevor sie via Mongolei nach London zieht – meinte, ich könne ja einfach Notizen machen. So gehe nichts verloren. Unsere ayurvedische Ärztin, Dr. Sreejits Gattin, bei der ich zur Tagesbesprechung war, ermutigte mich ebenfalls: Das hier sei ein ruhiger Ort, hier werde die Kreativität sicherlich hervorbrechen. Ich könne mir dafür gut und gerne ein paar Stunden Zeit nehmen, möge mich davon aber nicht dominieren lassen. Auch ich selbst bin nun voll überzeugt, dass die Zeit reif ist, Form zu geben.

Die Klarheit des Inneren Ortes soll sich ab sofort auch ins Äußere übersetzen.

Davor befrage ich dazu, flach auf der Matratze liegend, noch meine schamanischen Hilfsgeister. Die Schlange sagt: „Machen!“ Der Hirsch meint lapidar: „Du hast eh schon entschieden.“ Der Hase, in meinem tierischen Trio vor allem für Nachhaltigkeit zuständig, meldet: „Freu dich doch, wenn die Kreativität sprudelt.“ Und der Wind, mein kraftvoller Weggefährte, spricht: „Lass es fließen!“

Diese Begleiter sind übrigens auch Neurekrutierungen der letzten Monate, spannende Bekanntschaften. Sie erinnern mich in ihrer Funktionalität an das „Innere Team“, ein Persönlichkeitsmodell des großartigen deutschen Psychologen Friedemann Schulz von Thun. Er gibt der Pluralität des menschlichen Innenlebens damit eine Metapher. In ambivalenten Situationen kann dieses Team aktiviert werden und rückt zur Unterstützung an. Entscheidungen werden damit leichter und klarer.

Auch mein schamanisches, inneres Team gibt nun also grünes Licht. Ich weiß jetzt außerdem nicht nur „dass", sondern auch „was". Denn worüber ich schreiben werde und in welcher Form, das hat sich in der letzten Nacht geklärt.

Die Klarheit kommt im Dunkeln

Mit der Verlagsführung war ein Selbstermutigungsbuch vereinbart. Im weitesten Sinne zum Thema „Self-Leadership", mit autobiografischen Bezügen. Eventuell auch mit Bezügen zu meiner Verabschiedung aus der Spitzenpolitik, die viele Menschen überrascht hatte. Mehr war zu Weihnachten noch nicht definiert. Seither spuken gelegentlich Gedanken durch meinen Kopf, wie ich das Buch nun anlegen möchte und was der Inhalt sein könnte. Mit heute Nacht war plötzlich klar: „Es geht um die Grammatik der persönlichen Neuerfindung. Völlig offensichtlich und eindeutig." Wieso war mir das vorher nicht klar? Und wie komme ich zu dieser thematischen Festlegung?

Alle Menschen, die ich in den letzten zwei Tagen hier im Ayurveda Center getroffen habe – auch wenn ich noch nicht alle 25 „Mitbewohner" kenne –, haben eine Gemeinsamkeit: Sie sind in einem Übergang, an einer Zäsur ihrer Biografie, am Ende eines Lebenskapitels. Also auch an einem Anfang. Didier offenbarte mir gestern Abend, dass ihm nicht nur der Job keine Freude mehr mache, sondern auch die Beziehung mit seiner schwedischen Lebensgefährtin rund um den Jahreswechsel grob ins Wanken kam. Lea aus Norddeutschland hatte noch vor ihrer Abfahrt ihren Job als Produktmanagerin in der Pharmabranche gekündigt. Von Emily, der australischen Krankenschwester, haben wir schon gehört, dass sie sich aus ihrem Heimatland in Richtung Großbritannien verabschiedet. Absara, meine indischstämmige Zimmernachbarin, die in

Kenia aufgewachsen ist und nun in Kanada lebt, braucht ein „Rundum-Service".

„Ich muss was ändern, sonst werde ich krank", habe sie ihrem Mann gesagt, bevor sie ihre Reise buchte.

Sie wiegt rund 15 Kilo zu viel und soll die Kinder an ihrer kanadischen Schule in gesunder Lebensführung unterrichten. „In den Pausen stehle ich mich raus und rauche eine Zigarette, trinke eine Cola und esse einen Schokoriegel. Ich kann so nicht mehr weitermachen!"

All diese Erzählungen waberten mir gestern Abend durch den Kopf. Natürlich ist es naheliegend, dass in einem Ayurveda-Zentrum viele Menschen mit Aufbruchsgedanken zugange sind. Aber die Intensität der Geschichten, alle innerhalb von 24 Stunden auf mich einströmend, war dann doch heftig. „Ein klarer Fall von Synchronizität", musste ich grinsen, als ich mich dem Schlaf überantwortete. Ich wusste, dass mir diese seltsame Häufung etwas bedeuten sollte und es in dieser Nacht in mir gären würde. Den Rest besorgte tatsächlich die Dunkelheit.

Am Morgen ist es nun offensichtlich: Mein Buch soll eines sein, das Lea, Emily, Absara und Didier gerne lesen würden, das ihnen die eine oder andere Inspiration und Hilfestellung geben soll. „Da draußen gibt es Millionen von Menschen, die auch im Umbruch sind, ebenfalls drauf und dran, sich neu zu erfinden", sage ich mir halblaut. Wir alle kommen im Laufe der Zeit immer wieder an den Punkt, wo der Gang oder die Verwerfungen des Lebens uns zur Neuerfindung einladen oder zwingen. Es ist oft ein wildes Ringen, mit sich selbst und seiner Umgebung, mit Gott – so man einen hat – und der Welt. Ich bin nun selbst länger als ein Jahr sehr intensiv durch so einen Prozess gegangen. Es war keine einfache Zeit, weder für mich noch für meine Umgebung. Aber sie war spannend und tat und tut mir Gutes.

Meiner Berufung folgen

„In transition", so lautete meine Antwort in den Gesprächen am ersten Abend hier in Athreya, wenn ich gefragt wurde, was ich mache. Ja, ich bin im Übergang. Ich war zwölf Jahre Unternehmer im Bereich der systemischen Organisationsentwicklung und begleitete dabei als Facilitator und Coach sowohl Einzelpersonen als auch Unternehmen und Non-Profit-Organisationen in Wachstums- und Veränderungsprozessen. Sodann folgte ich dem Ruf meines Herzens und gründete mit vielen Mitstreiterinnen und Mitstreitern die politische Bewegung „NEOS – Das neue Österreich". Wir führten sie nach nur eineinhalb Jahren, im Herbst 2013, ins Österreichische Parlament und nach weiteren acht Monaten auch ins Europäische Parlament.

2017 wurden wir, weiter gestärkt, wieder ins nationale Parlament gewählt, und ich ging in eine zweite Runde als Vorsitzender unserer parlamentarischen Gruppe. Einige Monate nach der Wahl wurde mir klar, dass meine Berufung nun erfüllt war. Ich sollte und wollte gemeinsam mit anderen beherzten Menschen unserer Republik von fast neun Millionen Menschen eine neue politische Kraft der Mitte stiften. Das hatte es dringend gebraucht. Nach sieben Jahrzehnten eines Machtkartells zwischen den konservativen und sozialdemokratischen Kräften hatte dieses Arrangement, das dem Land über viele Jahre sehr gute Dienste geleistet hatte, all seine Kraft und Lebendigkeit verloren. Stillstand, strukturelle Korruption und systemische Verkrustung lasteten schwer auf meiner Heimat. Das galt es aufzubrechen.

Mit unserem zweiten Einzug ins Parlament und weiteren Regionalwahlen, die bis hin zum Eintritt in die Salzburger Landesregierung sehr gut liefen, waren wir nun als nachhaltiger Faktor im politischen Getriebe Österreichs etabliert. Meine Mission war erfüllt. Jetzt weiterzumachen, war natürlich verlockend. Vor allem für mein Ego. Da gab es zahlreiche Verführungen – beispielsweise einen spürbaren Aufwind in den Umfragen und an den Wahlurnen, einen gut bezahlten Job als Fraktionsführer im Parlament, erstmals seit Jahren auch viel öffentliche Anerkennung für die gute Performance unserer Bewegung. Aber all das, so wurde mir bewusst, waren keine Gründe, die meinen Inneren Ort, von dem aus ich meine Lebensentscheidungen treffe, beeindrucken würden.

„Ist es wichtig? Ist es richtig?“ Das sind meine zwei Kontrollfragen, die immer auf Grün stehen müssen, sonst strebe ich Veränderung an.

Natürlich darf eine Ampel auch einmal flackern oder für ein paar Tage auf Orange blinken. Aber nun stand die Ampel zunehmend auf Rot. Die Aufgabe war weiterhin wichtig. Unser Gemeinwesen und unser politisches System brauchten diesen Innovationsschub durch unsere Bewegung und sie würden ihn auch in den nächsten Jahren brauchen. Mit dem Antritt einer konservativ-rechtspopulistischen Regierung kamen für uns als Oppositionsfraktion sogar zusätzliche Aufgaben hinzu, vor allem die der Hüterin der liberalen Grundrechte und der Rechtsstaatlichkeit.

Auch dass unsere Bewegung eine starke und entschlossene Führung brauchte, stand außer Streit. Doch die Frage, ob ich der Richtige in der Führungsrolle für die nächste Wachstumsetappe sein würde, war für mich nicht mehr eindeutig mit Ja zu beantworten. Dabei saß ich doch so sicher und strahlend im Sattel. Gerade erst zu Beginn des Jahres war ich bei einem großen Konvent mit 99 Prozent der anwesenden Mitgliederstimmen als Parteichef bestätigt worden. Doch durch den Tapetenwechsel und in der Ruhe der Weihnachtsfeiertage wurde mir klar, dass es nicht richtig wäre, zu klammern.

Für die Familie hatten sich die Zumutungen in den letzten Jahren gehäuft; die Vereinbarkeit von Familie mit Spitzenpolitik ist eine stete Gratwanderung.

Vor allem war für mich erstmals eine gute personelle Alternative für die Parteiführung sichtbar. Meine Stellvertreterin hatte an Reife gewonnen. Des Öfteren hatte ich in internen Führungszirkeln angekündigt, dass ich dann übergeben würde, wenn ich jemanden sähe, der oder die es gleich gut oder besser machen könnte als ich. Dieser „reife Zeitpunkt", um die geordnete Übergabe anzugehen, war nun gekommen.

Ich beschäftigte mich intensiver als bisher mit Literatur über Gründer. Wissenschaftliche Studien legen nahe, dass rund drei von vier Gründern in der Wirtschaft zu lange bleiben. Zu viele mutieren irgendwann zu einem alles überwuchernden und kontrollierenden Patriarchen. Für die Politik würde ich den Wert in ähnlicher Größenordnung ansetzen. Vielen politischen Gründern muss der Stuhl vor die Tür gestellt werden. Sie müssen – weit jenseits des Höhepunkts ihres Wirkens – gegen ihren Willen gegangen werden. Sie lassen einfach keine andere Variante zu. Sie übersehen den stimmigen Zeitpunkt für eine Übergabe. Irgendwann wird das Ego so groß, dass es für das gemeinsame Ganze mehr verunmöglicht als ermöglicht. Es braucht so viel Platz auf der Bühne, dass daneben für Neues zu wenig Luft zum Atmen ist.

Der Schatten, den diese „Unersetzlichen“ werfen, ist so breit, dass darunter die vitale Selbstentfaltung von Organisationen leidet.

Ich nenne es das „Starke-alte-Männer-Syndrom“: Sie halten sich für kaum ersetzbar, sie sehen für sich persönlich keine attraktiven Alternativen, sie klammern sich an ihr Lebenswerk und ihr Ego.

Diese Krankheit wollte ich nie bekommen, das habe ich mir bereits zu Beginn meiner politischen Gründungsaktivitäten geschworen. Nun war es an der Zeit, das Versprechen einzulösen.

Manchmal tut es weh

Die Umsetzung einer planvollen Übergabe war eine logistische Großaufgabe. Vor allem war es wichtig, das Vorhaben generalstabsmäßig vorzubereiten. Das brachte mit sich, dass die Kommandoaktion vorerst geheim bleiben musste. Im Sinne des großen Ganzen und für mich persönlich war es ein Anliegen, bis zum letzten Tag der zweistufigen Übergabe – im Sommer in der Partei, im Herbst im Parlament – das Heft des Handelns in der Hand zu behalten. Ich wollte in dieser kritischen Phase der Pilot und nicht ohnmächtiger Passagier sein. Das erschien mir zur Würdigung und Wahrung jener gemeinsamen Aufbauarbeit, die wir in den letzten sieben Jahren geleistet hatten, wichtig. Eine Übergabe im Chaos hätte vieles davon beschädigt. Angesichts der anstehenden Herausforderungen im Parlament war es für das Land wichtig, dass die Bewegung aus diesem Schritt Schwung mitnehmen und nicht geschwächt werden würde.

Unter dem Motto „Nächste Wachstumsetappe statt Gründerfalle“ kündigte ich schließlich im Mai 2018 in einer Pressekonferenz die Übergabe an. Die Überraschung der

Öffentlichkeit sowie innerhalb unserer Bewegung war groß. Doch die monatelangen Vorbereitungen, gemeinsam mit Irene und meiner Büroleiterin, hatten sich bezahlt gemacht. Letztere hatte bereits zu Jahresbeginn einen privaten Mailverkehr von mir in Richtung einer Amtsübergabe interpretiert, stellte mich unmittelbar nach dem Weihnachtsurlaub zur Rede und wurde so ungewollt zur Geheimnisträgerin – und zu meiner großartigen Sparring-Partnerin für die Planungen wie auch die damit verbundenen Herausforderungen und Sorgen.

Wir hatten über die Monate ein rund zehnseitiges Drehbuch für die Übergabe erstellt. Alles war minutiös geplant. Da kamen die merkwürdigsten Fragen auf: Wann sollte es meine Mutter erfahren? Wann die Schwiegermutter? Wann die Kinder, Schwestern und engsten Freunde? Schon naheliegender: Wann und wie sind die Vorstandsmitglieder, der Erweiterte Vorstand, die Abgeordneten, die Mitglieder der Bewegung, die Mitarbeiterinnen und Mitarbeiter, die wichtigsten Förderer, die Medien und die Öffentlichkeit, die Mitbewerber sowie die offiziellen Stellen der Republik zu informieren und einzubinden? Seite um Seite, Zeile um Zeile nahmen wir Festlegungen vor. Wir hofften, dass alles bis zum Tag X unser Geheimnis bleiben würde. Sollte das nicht gelingen, wären alle zehn Seiten zu knicken und uns das Heft des Handelns aus der Hand gerissen.

Für Irene, meine Büroleiterin und mich waren diese mehr als hundert Tage an Geheimhaltung und Ungewissheit eine große Belastung. Ich entwickelte in diesem Halbjahr meine Rückenbeschwerden, konnte im Mai nur mehr unter schmerzhaften Verrenkungen meine Schuhe binden. Irene wiederum verlor im April für einige Tage ihre Stimme. Wir schlugen in einem Buch über psychosomatische Beschwerden nach und lasen den Befund: „Es wird Ihnen verboten, über wichtige

Dinge zu sprechen.“ Damit war uns schlagartig klar, dass sie von ihrem Schweigegelübde punktuell entbunden werden musste. Wir vereinbarten zwei „Wild Cards“ und sie offenbarte sich zwei vertrauenswürdigen Menschen aus ihrem Umfeld. Ihre Stimme kehrte rasch zurück.

Für meine Büroleiterin und mich steigerten sich Druck und Spannung über die Monate ins fast Unaushaltbare. Umso größer war die Befreiung, als wir am frühen Nachmittag des Tages X, rund vier Stunden nach der Pressekonferenz und nachdem die ersten internen und externen Wellen durch waren, einander im Befinden zunickten, dass es besser nicht hätte laufen können. Der Tag war ab sechs Uhr in der Früh durchgetaktet mit Interviews, Sitzungen mit dem Vorstand und dem Erweiterten Vorstand, Mitarbeiterversammlungen, Social-Media-Aktivitäten und vielem anderen.

Dazwischen fand ich einmal zehn Minuten Ruhe, sperrte mich in mein Büro ein und vergoss Tränen der Erleichterung, des Abschieds, der Trauer und zugleich der Freude.

Doch es ging für Irene, meine Büroleiterin und mich in diesen Monaten nicht nur darum, eine geordnete Übergabe vorzubereiten und abzuwickeln. Parallel dazu lief bei allen auch das Alltagsgeschäft in Familie und Job; und es setzte sich – latent bis explizit – ein Prozess des persönlichen Neu-Erfindens in Gang. Es gab ja auch den Tag nach dem Tag X. Mein Ausstieg aus der Spitzenpolitik würde für etliche Menschen in meinem engsten beruflichen Umfeld wesentliche Änderungen mit sich bringen. Bei uns zu Hause war der Wellengang ebenfalls hoch: Unser Familienalltag würde völlig auf den Kopf gestellt werden.

Was ein beruflicher Neuanfang bedeuten würde, stand vorerst in den Sternen. Für Irene füllten nicht nur drei Kinder im schulpflichtigen Alter ihren Alltag prall an, sie wollte in diesen Monaten auch ihr Atelier als Künstlerin ausbauen und sich mehr dem Malen widmen. Das blieb vorerst auf der Strecke; mit all den ambivalenten Gefühlsregungen, die in so einem Fall dazugehören.

Vorwärts – im Fluss des Lebens

Bereits ab Anfang Januar dieses Veränderungsjahres konnte ich mich dabei beobachten, dass parallel zum Tagesgeschäft und den Übergabevorbereitungen die Frage nach meinem zukünftigen Sein und Tun immer wieder anklopfte. Was würde ich nach der Politik machen? Wer würde ich sein?

Doch noch war es nicht so weit. Ich sollte absehbar bis September im operativen Zuggeschirr bleiben. Deshalb verbot ich mir diese Fragen zwar nicht, verwendete darauf aber bewusst nur wenig Energie. Denn die brauchte ich woanders. All die existenziellen Fragen liefen also permanent im Hintergrund mit, wie eine Art Routineprogramm auf einem Laptop. Allerdings mit der Erkenntnis, dass alle paar Wochen eine andere Idee, was wohl aus mir werden könnte, die Pole-Position einnahm. Das interessierte und amüsierte mich gleichermaßen.

Da wenig Zeit vorhanden war, um diesen Überlegungen Raum zu geben, huschten die Bilder, Wünsche, Ängste, Intuitionen und Hoffnungen in schemenhaften Gestalten durch meinen Kopf und mein Herz. Immer wieder spürte ich hin, versuchte die Fragen und die sich anbietenden Antworten mit meinem „Inneren Ort“ zu verbinden, wo meine Essenz, meine Verbindung mit einem „höheren Bewusstsein“ ruht. Diese Klarheit habe ich über die letzten zwei Jahrzehnte kultiviert, in denen ich mich mit Leadership, Selbstführung, Persönlichkeitsentwicklung, systemisch-integraler Theorie und Praxis sowie Spiritualität beschäftigt habe.

Viele Modelle, Theorien und Metaphern wie auch Erlebnisse im Sein und Tun habe ich über die Jahre gesammelt – Beobachtungen und Erfahrungen mit mir selbst, Klienten, Angestellten, ehrenamtlichen Mitarbeiterinnen und Mitarbeitern, Familienangehörigen und Freunden. Über mehrere Jahre arbeitete ich als Unternehmer in Veränderungsprozessen mit der „Theorie U“ von Otto Scharmer. Der aus Deutschland stammende Forscher am Massachusetts Institute of Technology (MIT) untersuchte das Wesen und die Natur von Veränderungsprozessen. Wie kommt das Neue in die Welt? Er beschreibt dieses Werden als nicht linearen Prozess mit einer U-Kurve. Seine Einsichten in einem Dreischritt von „Open Mind“, „Open Heart“, „Open Will“ – der Öffnung des Geistes, des Herzens und des Willens – berühren mich bis heute und haben viele Impulse für dieses Buch gegeben, wie auch das Berufungskonzept von Aristoteles oder schamanische Weisheiten. Ich werde in den folgenden Kapiteln immer wieder Fenster dorthin öffnen, um Theorie und Praxis zu verbinden.

Die Beobachtung meiner eigenen Neuerfindung ermöglichte mir das Korrelieren von Phänomenen mit Erfahrungen sowie mit theoretischen Modellen.

Das schärfte meinen Blick für die „Gesetzmäßigkeiten“ und Dynamiken, die hier – exemplarisch nun auch mit mir – abliefen. Ich begann Muster zu erkennen, Prozesslogiken zu erahnen, Sequenzen zu sehen. Eine bewusste persönliche Neu(er)findung verläuft nicht immer gleich, aber es zeigen sich doch Gemeinsamkeiten, eben eine ganz spezifische Grammatik.

Die Lösung findet mich

„Gibt es vielleicht so etwas wie eine idealtypische Dramaturgie für einen Selbstfindungsprozess, für eine Neuerfindung seiner selbst?", schoss es mir am zweiten Abend in Athreya durch den Kopf, als ich vor dem Schlafen an die Decke starrte. Ich beschloss, diese Frage mit in die indische Nacht zu nehmen. Viele Aufgaben hatte ich in den letzten Jahren im Traum gelöst. Eine sehr praktische Technik, wenn dann in der Früh stimmige Antworten auf dem Tisch liegen. Der Nachteil: Es funktioniert nicht immer.

Und es kann einem auch eine teils schlaflose Nacht bescheren, wenn das innere Gären zu viel Unruhe erzeugt.

So lag ich auch in der zweiten Nacht im Ayurveda-Zentrum einige Stunden wach und dachte nach. Ich zerlegte mein letztes Jahr gedanklich nochmals in Prozessabschnitte und Sequenzen, in Teilphasen und Wegstücke. Ich spürte nochmals den Dynamiken nach, die mich über die Monate beschäftigt hatten. Ich besah nochmals die inneren und äußeren Anfechtungen, Bedrohungen und Ängste. Ich feierte nochmals die Teildurchbrüche und Erfolge. Ich hörte nochmals die tausenden Beobachtungen und Ratschläge meiner Weggefährten, Freunde und Familie.

So richtig war es ja damals in den ruhigeren Tagen zu Weihnachten und um den Jahreswechsel losgegangen. Natürlich war die Veröffentlichung meines Veränderungsvorhabens im Mai eine wichtige Zäsur in meinem Gesamtprozess gewesen. Ebenso wie dann die tatsächlichen Übergaben meiner Partei- und Parlamentsfunktionen mit Ende Juni und Ende September. Im Oktober hatte ich gemeinsam mit einem Mashup-Künstler ein Musikalbum zu meinen eindringlichsten Parlamentsreden präsentiert. Der Live-Gig in einer der legendärsten Konzertlocations Wiens war ein seltsam intensives Erlebnis gewesen. Auch die Fastenwoche in einem Kloster im November hatte eine wichtige Rolle gespielt. „Doch wie kann ich das alles in einen Gesamtzusammenhang bringen? Und lässt sich das Ganze in ein Modell kleiden?", kreiste es in meinem Kopf.

Ich griff nach meinem Smartphone und begann mit einer Sprachaufnahme. Doch stopp. Ich musste die heraufdämmernde Figur optisch sehen. Daher kramte ich die ausgedruckten E-Tickets meiner Flüge aus dem Tramper-Rucksack hervor, kniete mich aufs Bett und begann auf den freien Rückseiten zu kritzeln.

Um drei Uhr in der Früh hatte ich fünf Seiten voll mit Modellskizzen.

Eine weitere Stunde, und ich lehnte mich zufrieden zurück: „Das ist es!"

Vor mir auf Papier hatte ich ein fünfstufiges Modell, das mir stimmig erschien. „Mehr noch als Stufen sind es Schichtungen!!", vermerkte ich mit zwei Rufzeichen. Das war mir im Verständnis plötzlich wichtig und blieb es bis heute. Weil es eben nicht so ist, dass man in einem persönlichen Neufindungsprozess eine Stufe abschließt und komplett hinter sich lässt. Jede Stufe schwingt auch später noch mit, geht mit auf die Reise. Also bezeichne ich eine einzelne Stufe als „Schichtung" – sie bleibt integraler und pulsierender Bestandteil dessen, was in Entfaltung geht.

Ich senkte mich in die Horizontale und fiel in einen kurzen, tiefen Schlaf. Als mich der Wecker in den Morgen holte, griff ich mir meine Notizen und prüfte sie mit gespanntem Interesse. Ich nickte. Die Klarheit der Nacht hielt auch dem

Tageslicht stand. Ich war mir sicher und diese Sicherheit sollte bis zum letzten Tag meiner Schreibarbeiten weiter anwachsen:

Die idealtypische Gestalt einer bewussten persönlichen Neu(er)findung lässt sich modellhaft abbilden.

Das Leitmodell für dieses Buch war damit geboren. Somit stand auch bereits die Inhaltsangabe. Es war ein goldenes Morgenerwachen. Ich machte noch ein paar Anmerkungen auf meinen nächtlichen Notizen, drückte meinen mexikanischen Freiheitskämpfer einmal fest, lief auf die Dachterrasse und blinzelte entzückt in die aufgehende Sonne. Ich spürte meinen Herzschlag und die Dankbarkeit in meinen Adern.

High-Five der persönlichen Entfaltung – Das Modell

Wie finden wir uns selbst? Und wie erfinden wir uns neu? Welche Dynamiken sind bei einem persönlichen Veränderungsprozess zugange? Welcher Dramaturgie folgt ein solcher Prozess? Wie kann ich sein Gelingen fördern? Wie wird es gut?

Die fünf Schichten, die ich für einen idealtypischen Prozess der bewussten persönlichen Neufindung sehe, sind folgende: Wir bewegen uns idealerweise vom

(1) BEWUSST-WERDEN über das
(2) LOSLASSEN in die
(3) VERBINDUNG mit der persönlichen BERUFUNG, sodann in das
(4) FORM-GEBEN und schließlich in das
(5) VERKÖRPERN, das füllige Sein und Tun. Nun sind wir voll und ganz „neu“ präsent.

Ich habe das Modell mit „High-Five der persönlichen Entfaltung“ benannt, weil es um das Evolvieren persönlicher Potenziale, um das Reifen, um Entfaltung geht. Eine graphische Darstellung der High-Five findet sich auf der übernächsten Seite. Im Folgenden präzisiere ich, wie sich die einzelnen fünf Schichtungen äußern:

(1) Das BEWUSST-WERDEN ist ein Innehalten, Wahrnehmen und Erkennen.
(2) Das LOSLASSEN schafft Freiraum. Es ist eine unbedingte Vorleistung, damit überhaupt Neues Raum greifen kann.
(3) Beim VERBINDEN mit meiner BERUFUNG horche ich auf die Stimme meines Herzens. Ich nehme Einkehr an

einem Inneren Ort. Ich begegne der Essenz, meinem Wesenskern.

(4) Das **FORM-GEBEN** ist ein Begreifen und Hervorbringen. Die innere Klarheit emergiert nach außen. Sie kristallisiert in Prototypen äußerer Formen.

(5) Das **VERKÖRPERN** repräsentiert das vollumfängliche Sein und Tun. Ich *bin* es. Und ich bin in der fülligen Performanz.

Wir erschaffen die Zukunft mit

Nach der Vorstellung des Modells hier im kompakten Überblick werde ich jede Schichtung detailliert als eigenes Kapitel ausrollen. So will ich ihr jeweiliges Wesen und die damit verbundenen Dynamiken greifbar machen. Ein Modell ist natürlich immer eine Vereinfachung der komplexen Wirklichkeit. Es ist eine Art Krücke, eine „Bewegungshilfe“, idealerweise eine Unterstützung in unserem Denken, Sein und Tun. In diesem Sinne hoffe ich, dass dir die „High-Five“ gute Dienste leisten.

Natürlich ist das Modell der „High-Five der persönlichen Entfaltung“ ein idealtypisches, das Leben ist etwas komplizierter. So etwas wie Vollkommenheit werden wir Menschen nur schwer erreichen, wenn dann wohl immer nur für Augenblicke. Ich hoffe jedoch, dass all die Vertiefungen hier jenen Gedanken auch in deinem Leben befördern, der diesem Buch Pate steht: Die Zukunft ist kein Raum, den wir willenlos betreten. Sie ist ein Raum, den wir selbst mit erschaffen. Frei nach Nelson Mandela: „I am the master of my fate, I am the captain of my soul.“ Ich bin der Meister meines Schicksals, ich bin der Kapitän meiner Seele.

Bevor wir in die einzelnen Schichtungen eintauchen, möchte ich nochmals das Verständnis dafür schärfen, dass es

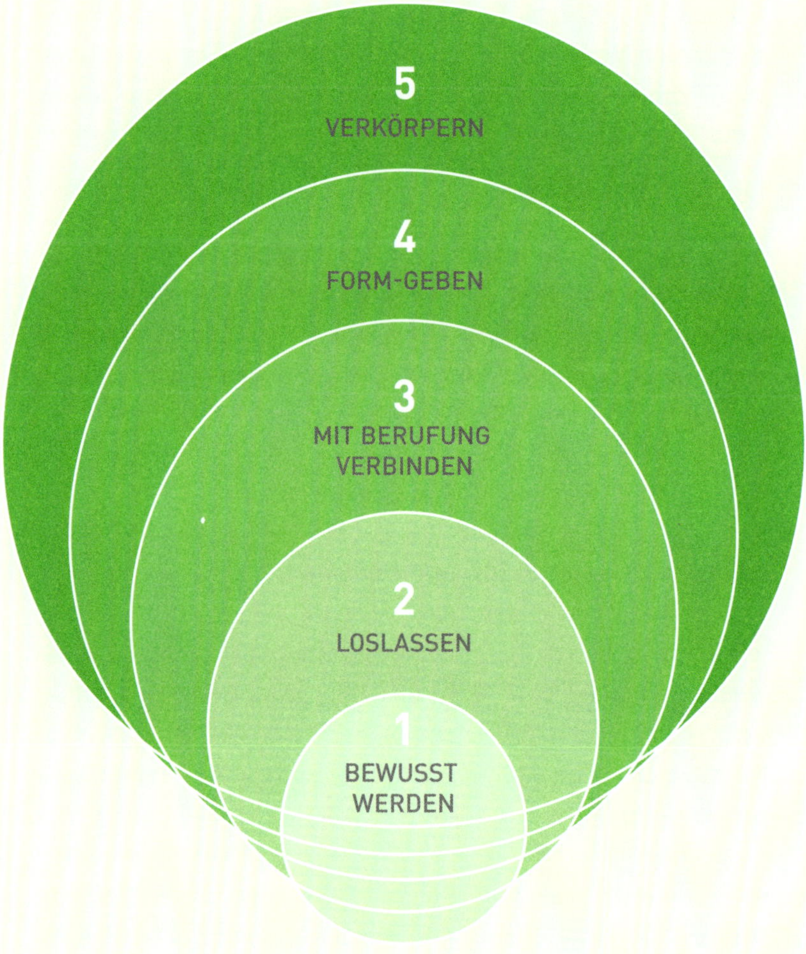

High-Five der persönlichen Entfaltung

sich um ein integrales Entfalten handelt. Jede Schichtung nährt sich in den Vorschichtungen und stülpt sich über diese. Es ist vergleichbar dem Wachsen der Jahresringe bei einem Baum. Jeder Ring inkorporiert alles Bisherige.

Die Schichtungen bauen aufeinander auf und sind miteinander verwoben.

In der Regel befinden wir uns dominant in *einer* Schichtung, und zwar in jener, auf die wir aktuell vorranging fokussieren oder – so es unbewusst läuft – in der wir aktuell prioritär funktionieren. Ich nenne diesen Zustand daher *Primärschichtung*. Sie bezeichnet jene Phase, in der wir als „Veränderungsreisende" gerade hauptsächlich unterwegs sind.

Alles gleichzeitig und doch dominant

Natürlich läuft im echten Leben nichts so schematisch ab wie in der Theorie. Es kommt mitunter zu Rückwärtsschleifen, einer vorübergehenden Rückkehr in früher dominante Schichtungen. Es gibt auch Paralleletappen, in denen zwei Primärschichtungen gleichzeitig laufen. All das hat auch seine Berechtigung und Funktionalität.

So kam ich beispielsweise nach Kerala in der Annahme, dass ich mich hier nochmals voll und ganz dem Loslassen widmen würde. Rückwirkend betrachtet hatte ich für diese Reise also die Überschrift „Primärschichtung (2)" im Kopf. Tatsächlich war das Loslassen ein großes Thema. Wie geschildert sehr konkret körperlich – von Kräuterwasser-Brechen über Abführmittel bis hin zu Einläufen. Aber im digitalen Offline-Modus und im Bruch aller Alltagsroutinen auch geistig, emotional und psychisch. All das wurde durch die Einbettung in eine ruhige, naturnahe Umgebung befördert. Ich wurde umsorgt, bekocht und mit Massagen bearbeitet. Dennoch war ich überrascht, als ich mir an den ersten Abenden selbst zuhörte. Was war passiert?

Wir alle, die wir auf Individualreisen unterwegs sind und uns gelegentlich in Jugendherbergen oder anderen touristischen Hotspots aufhalten, kennen das Ritual. Die freundlichen Begegnungen folgen einer gewissen Routine. Dabei scheinen die ersten zwei Fragen weltweit standardisiert zu sein. Es startet mit: „Where do you come from?“ Ist die Herkunftsfrage geklärt und die Begegnung noch nicht zu Ende, so folgt in der Regel: „What field are you working in?“ Das Gespräch kommt auf den Beruf oder die Ausbildung.

So geschah es auch in Indien. Bei den ersten drei gemeinsamen Abendessen in Athreya kam ich stets mit unterschiedlichen Leuten zusammen und es entwickelten sich angeregte Gespräche. Meine Antwort auf die erste Frage war immer dieselbe: „Vienna, Austria.“ Allerdings war ich über die Auskünfte auf die zweite Frage selbst überrascht. Beim ersten Abendessen antwortete ich auf „Was machst du?“ mit: „Ich bin in Veränderung, in einer Übergangsphase.“ Ich erzählte von meiner Vergangenheit und was ich alles gerade hinter mir gelassen hatte. Ich fühlte mich also augenscheinlich der Primärschichtung (2) verbunden: Loslassen. So wie ich mir das gewissermaßen auch als Gesamtrahmen für diese Reise zurechtgerückt hatte.

Offensichtlich arbeitete das Gespräch nach. Bewusst und unbewusst. Jedenfalls kam ich beim zweiten gemeinsamen Abendessen auf dieselbe Frage mit einer anderen Antwort daher: Ich sei ein „Portfolio-Entrepreneur“ und als Unternehmer auf mehreren Feldern aktiv – im Bereich der Organisationsentwicklung, als Leadership-Coach, als freier Publizist und

Autor sowie in TV-Projekten. Zudem sei ich stark ehrenamtlich engagiert: für politische, soziale und humanitäre Anliegen.

Ausprobieren und Hinspüren

Das war etwas umfangreich, schon beim Erzählen. Offenbar hatte ich auch das Gegenüber mehr verwirrt als informiert. „Wow, das ist ziemlich viel", lautete der kurze Kommentar. Ich hörte dasselbe, was mir auch Freunde und Bekannte rückgemeldet hatten, als ich rund acht Wochen zuvor dieses Portfolio an Aktivitäten in den sozialen Medien und in einigen Interviews vorgestellt hatte. Aber mir war es ganz offensichtlich wichtig, in der Öffentlichkeit klarzumachen, dass ich dabei war, Form zu geben.

Nicht zuletzt durch diese kritischen Rückmeldungen nährte sich in mir die Vermutung, dass sich das alles wohl zeitlich nicht ausgehen würde. Doch noch war das meine stimmige Ansage. Wenn ich dann voll ins Sein und Tun kommen würde – sprich Primärschichtung (5) –, würden sich die Dinge schon ordnen. Wie viele von den angefangenen Projekten ich schließlich abwerfen würde müssen, um in ein überschaubares und fülliges Verkörpern zu kommen, war mir damals noch nicht bewusst. Ich war eben ganz begeistert in der Primärschichtung (4), im Form-Geben, unterwegs: Es ist ein Ausprobieren, ein Lernen durch Versuch und Irrtum.

Man baut Prototypen und hält sie mitunter schon für „das Wahre". Später realisiert man, dass nicht alles abhebt.

Doch jene Prototypen, die mit einer stimmigen Leichtigkeit fliegen, empfiehlt es sich auf dem Weg in die Primärschichtung (5) zu skalieren, in rasches Wachstum zu bringen: mehr Energie darauf, mehr Fokus, mehr Herzblut.

Ein erfolgreiches Durchstarten als Pilot des eigenen Lebens braucht Herzensenergie. Eine solche entsteht insbesondere in der Verbindung mit der eigenen Berufung. Die hatte ich in den Wochen davor geprüft und vertieft, sprich Primärschichtung (3) gelebt. Obgleich es sich vor allem um die Klarheit an einem Inneren Ort handelt, hatte ich meine Berufung sogar in Worte gefasst. So gab ich noch vor meinem Abflug nach Indien die Texte für meine neue Website frei. Dort hieß es: Nun bin ich „wieder Unternehmer. Wobei ich eines nie aufgehört hatte zu sein – unternehmerisch. Ich bin ein Gärtner des Lebens und kultiviere soziale Felder. Ich liebe es, wenn Potenziale in die Entfaltung kommen und wenn ich gemeinsam mit anderen Menschen Lösungen entwickeln kann; oder Formen und Gefäße für das Gute, Wahre und Schöne.“ Sodann zählte ich die verschiedenen Tätigkeitsfelder auf, in denen ich als „Portfolio-Unternehmer“ aktiv bin.

Egal ob bei den Feedbacks auf meine neue Website oder beim zweiten Abendessen in Athreya: Diese freundlich-misstrauischen Rückmeldungen, dass das alles „sehr viel, vielleicht zu viel“ sei, nervten mich. Heute könnte ich mit größerer Entspanntheit darauf reagieren und das Feedback dankbarer annehmen. Ich weiß, dass es in der Primärschichtung (4) auch viel sein darf. Es geht ja ums „Kristallisieren“, wie es der MIT-Forscher Otto Scharmer in seinen Modellen benennt. Manche Prototypen, die man in dieser Phase enthusiastisch baut, werden am Boden bleiben. Das ist in Ordnung, das soll so sein. Sicherlich ist es hilfreich, wenn man diese Bewusstheit auch irgendwo in sich trägt.

Das Kristallisieren des Neuen setzte bei mir unmittelbar mit der Entscheidung ein, dass ich meine politischen Funktionen übergeben würde. In den vollen Fokus, also in die

Primärschichtung, kam es aber erst nach elf Monaten, rund acht Wochen nach meinem tatsächlichen Austritt aus dem Parlament. Davor war ich in die volle Performanz, in die Primärschichtung (5), gebunden. Ich wollte meine Verantwortungen bis zum letzten Tag voll ausfüllen. Dann war ich noch auf einer Fastenwoche, wo ich mich in die Stille zurückzog – ein bewusstes Hineinsteuern in die Primärschichtung (2), in das Loslassen. Zudem begab ich mich auf einen Retreat, wo ich meiner Berufung nachspürte. Hier schaltete ich also bewusst auf die Primärschichtung (3), um mich mit meiner Essenz zu verbinden. Sodann war ich offensichtlich reif für den Fokus auf das Form-Geben. Der Kopf, das Herz und der Wille waren frei und bereit dafür.

Die Primärschichtung (4) dominierte die folgenden Wochen über den Jahreswechsel hinaus. Deshalb ist es – im heutigen Wissen um das High-Five-Modell – auch vollkommen nachvollziehbar, dass ich beim zweiten gemeinsamen Abendessen in Athreya eben in dieser „Energie des Hervorbringens“ dasaß. Die Idee des Loslassens in Indien war eine sehr kopflastige Vorstellung. In Wirklichkeit war ich über die letzten Wochen ja bereits wesentlich mehr mit meinen Formgebungen beschäftigt gewesen. Darüber sprach ich dann auch.

Es gilt, was Martin Luther in seinen volksnahen Bibelübersetzungen formulierte: „Wes das Herz voll ist, des geht der Mund über.“ Obwohl ich selbst von mir überrascht war, ist es somit im Nachhinein logisch, was beim dritten gemeinsamen Abendessen in Athreya aus meinem Mund kam: Ich war in der Beantwortung der zwei Standardfragen zwar immer noch Österreicher, aber nun nicht mehr „im Übergang“, auch nicht mehr ein kristallisierender Portfolio-Unternehmer. An diesem dritten Abend war ich zum ersten Mal in meinem Leben Autor und TV-Schaffender. „I'm an author. And I'm working on a TV-format", hörte ich mich unumwunden sagen. Ich fand das selbst ziemlich schräg. Aber auch cool. Ein Aufblühen der Stimmigkeit. Ein erster Anflug von Verkörperung, Primärschichtung (5).

Ankommen in der Performanz

In den vergangenen zehn Jahren hatte ich bei rund zehn Büchern mitgeschrieben, zwei Bücher selbst verfasst, ein weiteres Buch als Co-Autor und eines als Co-Herausgeber mit zur Veröffentlichung gebracht.

Doch mit der Berufsbezeichnung Autor hatte ich mich noch nie vorgestellt. Nun aber fühlte ich mich erstmals als solcher.

Das war großartig. Schreiben ist für mich ein zutiefst schöpferischer Akt, eine edle Form der Selbst-Manifestation, ein effektives Sortieren meiner selbst. Natürlich auch ein Verstehen, ein Lernen und Lehren – schließlich lehren wir in der Regel das, was wir lernen wollen. Für all das waren nun die Schleusen geöffnet, ich wurde geflutet. Die nächtlichen Gärungen zu meinem Buchprojekt hatten mich offensichtlich ins Sein und Tun geführt. Der Bauch und das Herz hatten das erkannt. Nun schoben sie es auch in den Kopf und legten es mir auf die Zunge. Eine einjährige Metamorphose kam in die nächste Reifestufe.

Heute ist mir klar, dass ich in der zweiten und dritten Nacht in Athreya in die Primärschichtung (5) reifte. Ich stand am Beginn der vollumfänglichen Performanz. Natürlich hatte ich nach meiner Rückkehr aus Indien noch vieles zu ordnen, vor allem so mancher Prototyp aus der Primärschichtung (4) musste rückabgewickelt werden. Die allermeisten neuen

Anfragen, die über sämtliche Kanäle hereinkamen, sagte ich ab. Sonst hätte ich mich in zu mannigfaltigen Formgebungen verzettelt. Ich wäre in der Primärschichtung (4) hängen geblieben. Mein Herz und mein Verstand bekamen jedoch zunehmend Klarheit, wohin sie die Energien fokussieren wollten. Sie zogen vom Ausprobieren ins vollumfängliche Verkörpern.

Das Neinsagen ist keine große Stärke von mir. Aber ich habe es gelernt.

In der Aneignung des High-Five-Modells fiel es mir leichter, Absagen aller Art zu forcieren. Dabei war und ist auch die Schichtung (2) meine große Verbündete: Ich muss Möglichkeiten loslassen, jeden Tag aufs Neue.

Einen starken Schub bekam dieses Loslassen nochmals, als ich rund einen Monat nach meiner Rückkehr aus Indien die Diagnose „Bandscheibenvorfall“ bekam. Diesen hatte ich offensichtlich schon monatelang verschleppt, er war mir jedoch nicht bewusst gewesen. Die Schmerzen erhöhten ihre Lautstärke, bis ich verstand – gleichsam eine erzwungene Rückwärtsschleife in die Schichtung (1), in das Bewusst-Werden. Doch diese Mitteilungen und Bedürfnisse meines Körpers bestärkten mich, klarer Prioritäten zu setzen. Ich begann, mich besser um meinen Rücken zu kümmern. Mit dem neuen Bewusstsein gelang mir das nun gut. So konnte ich innerhalb von zwei Monaten die Rückenprobleme weitestgehend abbauen, was mir erlaubte, in der Performanz – Primärschichtung (5) – zu bleiben.

Am Schopf gepackt

Als ich nach diesem dritten Abendessen in Athreya im Bett lag, hallte es in meinen Ohren nach: „Ich bin Autor und

TV-Schaffender." Was für eine Neuerfindung! Ich war angekommen. Es war eine durchaus lange Reise gewesen. Ich war erfüllt von Würde, Freude und Dankbarkeit.

Mit dem Abstand von ein paar Monaten erscheint heute alles sehr stimmig und logisch. Ich bin im Flow. Ich *bin* Autor und TV-Schaffender. Ich bin angefüllt mit dieser neuen Qualität und gebe mich zwanglos meinem Sein und Tun hin. Auch wenn ich noch einige andere Projekte verfolge und in etlichen Ehrenämtern aktiv bin, so wachse ich mit jedem Tag stärker in die Verkörperung dieses Neuen, in die Primärschichtung (5). Alle anderen vier Schichtungen habe ich gut integriert; wenn nicht gut genug, dann meldet sich mein Körper. Oder meine Frau. Oder sonst jemand oder etwas.

Das „High-Five"-Modell hat mir geholfen, die Veränderungsdynamiken und Entwicklungsschritte in meinem Leben besser zu verstehen als früher.

Auch wenn es parallel in mehreren Schichtungen gärt, so gab und gibt mir die modellhafte Betrachtung doch Orientierung. Im Austausch mit vielen Menschen wurde mir klar, dass die Zeiträume, in denen sich die Schichtungen entfalten, individuell sehr unterschiedlich sind. Das hängt stark von den eigenen Befindlichkeiten, der Persönlichkeitsstruktur, dem Kontext und den Umfelddynamiken ab. Grundsätzlich gilt: Der Wechsel in die nächste Primärschichtung erfolgt, wenn die Zeit reif ist. Das „High-Five"-Modell unterliegt also keinem metrischen Zeitbegriff. Schon die alten Griechen unterschieden zwischen „Chronos" und „Kairos". Während Chronos in Minuten und Stunden beschrieben wird, markiert Kairos den günstigen Zeitpunkt einer Entscheidung oder Fügung. Dieser günstige Zeitpunkt war den Griechen so wichtig, dass sie ihn in ihrer Mythologie sogar als Gottheit personifizierten. Das ungenutzte Verstreichen des Kairos erschien den Griechen nachteilig, geradezu frevelhaft. War allerdings die Zeit noch *nicht* reif, so war ihnen jede Bemühung umsonst.

Kairos als Gott der günstigen Gelegenheit, der besonderen Chance und des rechten Augenblicks wurde von den Griechen als blühender Jüngling mit geflügelten Schuhen dargestellt. Es fällt ihm eine Haarlocke in die Stirn, während er am Hinterkopf kahl ist. Die Redewendung „Die Gelegenheit beim Schopf packen“ weist heute noch auf diese Vorstellung hin. Wenn die Gelegenheit vorbei ist, lässt sie sich am nackten Hinterkopf nicht mehr greifen. Dementsprechend bezeichnet man in der Psychologie die Angst davor, Entscheidungen zu fällen, als „Kairophobie“.

In der VUKA-Welt

Ich verstehe das „High-Five“-Modell auch als Ermutigung, kairophobischen Tendenzen Einhalt zu gebieten. Wenn die Zeit reif ist, gilt es beherzt Entscheidungen zu treffen. Das ist in unseren Zeiten freilich nicht so einfach.

Wir leben in einer überreizten und überfrachteten, multioptionalen Gesellschaft.

Wir nehmen diese Welt als *volatil, unsicher, komplex* und *ambivalent* wahr, als „VUKA“, eine Abkürzung aus den Anfangsbuchstaben dieser vier Worte. Der Begriff VUKA entstand in den 1990er-Jahren in einer amerikanischen Militärhochschule und sollte zunächst die multipolare Welt nach dem Ende des Kalten Krieges beschreiben. In Folge wurde das Konzept zur Umschreibung der Komplexität der postmodernen Welt adaptiert und zur soziologischen Vokabel. Mit dem Buch „Die vierte Kränkung – Wie wir uns in einer chaotischen Welt zurechtfinden“ führten meine damalige Unternehmenspartnerin Barbara Guwak und ich den VUKA-Begriff 2011 im deutschen Sprachraum mit ein. Wie können wir handlungs- und entscheidungsfähig bleiben in diesen „verrückten“ Zeiten? Welche konstruktiven Bewältigungsstrategien gibt es, um nicht in der Ignoranz, in der Arroganz, in der inneren Emigration oder im Burn-out zu landen?

Aufgrund einer hohen Reiz- und Termindichte sind wir meist mit Chronos auf Kriegsfuß – es fehlt uns zu oft die (metrische) Zeit. Umso wichtiger ist es, ein gutes Verhältnis zu Kairos zu pflegen und das eigene Vertrauen zu kultivieren. Angewandt auf das „High-Five“-Modell bedeutet das: Wir können darauf vertrauen, dass die nächste Schichtung dominant hervortritt, wenn die Zeit reif ist. Wir wechseln dann in den nächsten Primärmodus. Wenn wir das spüren, erkennen und begreifen, wenn wir das auch modellhaft verorten können, dann wird unsere Entscheidungs- und Handlungsfähigkeit massiv gestärkt. Wir finden einen konstruktiveren Umgang mit der VUKA-Welt.

Heiter Raum um Raum durchschreiten

Ich werde in den folgenden Kapiteln Beobachtungen und Begebenheiten aus verschiedenen Biografien erzählen. Immer wieder hole ich auch meinen eigenen Lebenslauf auf den Seziertisch, von dem nun schon Konturen bekannt sind. Ich nehme mir den Mut, mich selbst zu zeigen, in der Hoffnung, damit die eine oder andere Inspiration und Unterstützung zu geben.

Auch hole ich immer wieder Gedanken großer Persönlichkeiten, weiser Beobachter und Denkerinnen der

Menschheitsgeschichte in unsere Betrachtungen herein. Gemeinsam mit ihnen werden wir, gemäß Hermann Hesses Gedicht „Stufen“, „heiter Raum um Raum durchschreiten“.

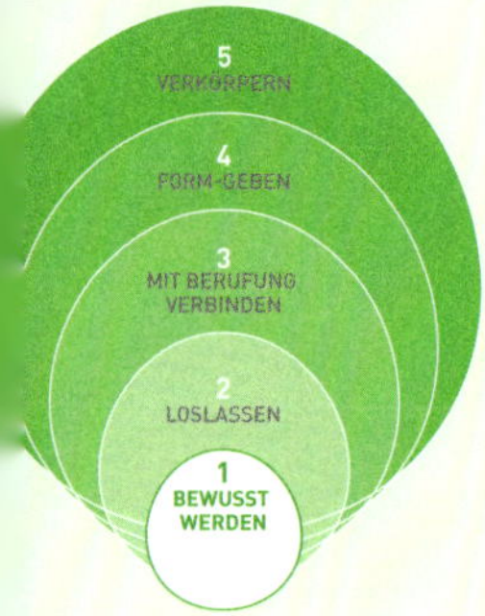

So geht es nicht weiter

(1) Wie ich innehalte, wahrnehme, BEWUSST WERDE

Die Weihnachtszeit und der Jahreswechsel sind für mich immer eine besondere Zeit. Der Alltag wird gleichsam gestoppt, die Kommunikationsdichte heruntergefahren, Routinen werden unterbrochen. Ich gehe einige Tage offline – kein Mobiltelefon, keine Sozialen Medien, kein Surfen im Internet. Begegnung mit und in der Familie. Mit der Natur. Mit der Stille. Innehalten. Diese Atmosphäre wird geradezu sinnbildlich gesteigert, wenn ich dann bei einer Schneeschuhwanderung den Blick in den Himmel erhebe, die Schneeflocken auf meiner Nase tanzen und sich ein weißer Mantel über die Welt legt, der alles Tempo und allen Lärm in sich aufnimmt. Schweigsam und glitzernd.

Jedes Jahr aufs Neue ist diese Zeit für mich ein Spiegel und Eichpunkt gleichermaßen. Ich werde mir bewusst, wie es mir geht, wo ich stehe, was in mir arbeitet. Ich beobachte meine Emotionen. Ich begreife – mit allen Sinnen, mit meinem Geist, mit meinem Bauch, mit meinem Herzen. So auch vorletzte Weihnachten.

Wir waren in einem Appartement in meinem Herkunftsdorf im Klostertal eingemietet. Bis zu meinem achtzehnten Lebensjahr war dieses Tal im Westen Österreichs, am Fuße der international bekannten Skiregion Arlberg, mein Lebensmittelpunkt. Dann zogen mich Studium, Beruf und die Liebe nach Innsbruck, Dublin und Wien. Seit wir Kinder haben, kommen wir als Familie zwei Mal im Jahr hierher auf Urlaub. Auch in jenem Winter freuten wir uns wieder auf die Großfamilie – die Oma, die Tanten und Onkel, die Cousins und Cousinen. Zum ersten Mal waren wir nun extern einquartiert, weil für die fünfköpfige „Wiener Rasselbande" im Elternhaus einfach nicht mehr genügend Platz war. Das traf sich gut, wollte ich nach einem sehr anstrengenden Herbst nun doch ein paar Tage den Menschen aus dem Weg gehen. In einem Urlaub bei der Großfamilie Ruhe zu finden, ist immer auch eine Herausforderung.

Die Welt in sich selbst entdecken

Für die Zeit unmittelbar nach Weihnachten hatte ich zwei Tage „für mich" gebucht. So auch den 27. Dezember. Die Kinder waren mit ihren Cousinen unterwegs, Irene bei einer Freundin. Ich genoss die Ruhe, las in das Buch „Hundert Jahre Einsamkeit" von Gabriel García Márquez hinein, welches ich mir für diese Tage vorgenommen hatte, schaute eine ganze Stunde lang einfach aus dem Fenster auf die frisch verschneiten Bäume und ließ die Gedanken ziehen. Für den späteren Nachmittag war eine meiner Schwestern angekündigt. Sie wollte ein Sparring für ihre beruflichen Überlegungen. So wie bisher sollte es nicht weitergehen, der berufliche Alltag war für sie so nicht mehr okay. Er drückte bereits auf das Gemüt. Sie wollte entschlossen Änderungen vornehmen, möglicherweise sogar ihren aktuellen Job quittieren. Darüber wollte sie über die Feiertage Klarheit finden.

Unser Gespräch war intensiv und offensichtlich auch für mich ein Spiegel für jenen Aufruhr, der seit einigen Wochen mehr oder minder unbewusst in mir selbst unterwegs war. Ich hatte in dieser Zeit bemerkt, dass mein Körper schneller in Erschöpfung geriet als in den Jahren davor. Auch begann mich der übervolle Terminkalender zu nerven. Zudem blieb mir nicht verborgen, dass meine Familie in den Monaten davor eine Suchspannung nach mehr Anwesenheit meinerseits aufgebaut hatte. Zugleich konnte ich das letzte Jahr über beobachten, welche großartigen Entwicklungsschritte unsere politische Bewegung hin zu einer nächsten Reifestufe gemacht hatte. Es war beeindruckend mitzuerleben, wie wir uns nach den Parlamentswahlen im Herbst 2017 beherzt und kraftvoll organisierten.

Auf all diese Wahrnehmungen hatte ich mir noch keinen Reim gemacht. Aber nun hörte ich mich in diesem informellen Coaching-Gespräch mit meiner Schwester plötzlich sagen: „Wenn die Zeit reif ist, soll man handeln. Ich werde wohl im nächsten Jahr all meine politischen Funktionen übergeben." Es war wie ein kurzes Aufblitzen, ohne Vor- und Nachlauf.

Meine Schwester blendete an dieser Stelle einfach aus, was ich gerade gesagt hatte, jedenfalls fragte sie nicht nach und war mit ihren eigenen Angelegenheiten beschäftigt. Als sie eine gute Stunde später das Appartement verließ und die Tür ins Schloss fiel, durchfuhr es mich noch einmal. Es schüttelte mich regelrecht am ganzen Körper. Ich lag auf dem Bett und starrte auf den verschneiten Wald vor dem Schlafzimmerfenster. Hatte ich das wirklich gesagt? Und meinte ich es so?

Natürlich war dem in den Wochen davor die eine oder andere Diskussion mit Irene vorangegangen. Wir hatten darüber gesprochen, wie sich die nächsten Jahre gestalten könnten und ob ich die gesamte fünfjährige Legislaturperiode im Parlament bleiben würde. Mir war klar geworden, dass ich mich in rund vier Jahren nicht nochmals als Spitzenkandidat bei den internen Vorwahlen bewerben wollte – sonst würde ich mehr oder minder während der gesamten Kindheit und Jugend unserer drei Töchter Parteichef sein. Aber wann sollte ich den Parteivorsitz idealerweise übergeben? Dass dieser Schritt bereits für 2018 anstehen würde, war bis zu diesem Dezembertag weder mir klar, noch wurde es von der Öffentlichkeit, den Medien oder intern erwartet. Aber nun war der Gedanke erstmals ausgesprochen. Er kam allerdings nicht aus dem Nichts, sondern aus meinem Inneren.

Irgendeine Instanz in mir hatte also bereits mehr Klarheit als der Kopf. Meist sind ja Bauch und Herz schon weiter als unser Intellekt.

Das habe ich als Coach und Führungskraft immer wieder erlebt. Wie oft kamen Klienten oder Mitarbeiter mit Überlegungen zu einer Karriereoption oder einem Jobwechsel zu mir. Wir besprachen diese Themen dann offen, wogen gemeinsam Für und Wider ab. In der Mehrzahl der Fälle, in denen mein Gegenüber noch im Gespräch zu einer Entscheidung kam, war es tatsächlich so, dass wir nur in Worte kleideten, was ohnedies schon da war.

„Komm, du weißt es schon. Spür mal nach in deinem Bauch! Verbinde dich mit der Stimme deines Herzens!“ Das ist in solchen Fällen meine Aufforderung. Manchen gelingt das dann gut und schnell, hatten sie doch die Entscheidung im Unbewussten schon gefällt und mussten sie nun nur noch in den Kopf schieben. Andere können mit dieser Einladung weniger anfangen.

Es ist Übungssache, die Intuition zu spüren und die Stimme des Herzens zu verstehen. Es ist eine leise Stimme. Sie ist nicht penetrant. Sie spricht mitunter ohne Einladung. Sie wiederholt sich nicht permanent ungefragt. Manchmal müssen wir das Puzzle auch erst zusammensetzen. Jedenfalls aber müssen wir für dieses Hinhören und Hinspüren einen geschützten Rahmen und Ruhe schaffen. So wurde mir erst nach dem Besuch meiner Schwester im Nachdenken über meine eigene Prophezeiung klar, dass Gedankenfetzen zum Ausstieg aus der Politik bereits an diesem Vormittag als noch nicht fertiges, ungreifbares Bild in mir hochgestiegen waren. In den darauffolgenden Ruhestunden jedoch vernahm mein Geist meine Herzensregungen wohl klarer als sonst. Sodann war er fähig, diese Wahrnehmungen in einen durchgängigen Gedanken zu formulieren. „Ach, was sind wir für wundersame Geschöpfe", dachte ich mir.

Im grossen Ganzen geborgen

Wir Menschen sind ein weites, weithin unentdecktes Land voller faszinierender Geheimnisse. Ich glaube, die größte Entdeckung, die wir in unserem Leben machen können, ist uns selbst zu finden. Dies schließt dann die Entdeckung der ganzen Welt mit ein. Jeder Schritt hin zum Erkennen unseres eigenen Wesens bindet uns auch ein Stück weit stärker und klarer in das große Ganze mit ein. Alle Antworten und alle Weisheit sind in uns. Doch es gibt keinen einfachen Schlüssel, um die Tore zum eigenen Selbst mit einem Dreh zu öffnen.

Die Reise zu sich selbst ist lang. Sie benötigt viele kleine und große Schritte.

Manche von uns werden schon öfter das Gefühl gehabt haben, in bestimmten Momenten gleichsam durch einen Spalt hindurch ein Stück Wesenserkenntnis erspäht zu haben. Manchmal schließt sich diese Sichtachse wieder, manchmal können wir sie offenhalten und uns ein Stück bewusster werden. Dieses Bewusst-Werden ist ein Innehalten, ein Wahrnehmen, ein Erkennen.

Oft denken wir Menschen über die Dinge und Befindlichkeiten im Außen nach, in dem Glauben, das seien wir selbst. Unser Alltag ist überfrachtet mit Materiellem, sozialen Rollen, Reizen, Erwartungen und – vermeintlichen oder tatsächlichen – Sachzwängen. Zur Frage, wer wir selbst sind, kommen wir oft gar nicht. Doch was bleibt von uns, wenn wir alles Materielle, alle Rollen, Aufgaben und Funktionen wegsortieren? Was spüre ich? Was macht mich aus?

Was ist mein Wesenskern? Macht mich mein Alltag glücklich? Bin ich der Pilot meines Lebens oder nur ohnmächtiger Passagier?

Menschen, die sich für diese Fragen wirklich interessieren, beginnen in die Wahrnehmung zu gehen. Sie begeben sich auf diese Entdeckungsreise zu sich selbst und stoßen damit automatisch auf die Frage, welche Wege zu uns selbst führen.

Wege zu mir selbst

Auf der Suche nach Wegen und Werkzeugen der Bewusstwerdung sind viele Konzepte entworfen, unzählige Bücher geschrieben und ganze Religionen gegründet worden. Ich glaube, es gibt keine Patentrezepte, die auf jede und jeden von uns gleichermaßen passen. Die Wege zu sich selbst sind so vielfältig wie die Menschen. In der Erfahrung und Beobachtung über die letzten 30 Jahre, in denen ich mich diesen Fragen widmete, erkenne ich aber einige Königswege.

Da ist natürlich zuallererst die *Liebe*. Sich selbst in Liebe zu begegnen ist eine große Kunst, in der wir uns täglich üben können und sollten. Es ist das größte Geschenk, das wir uns und der Welt machen können. Die Liebe wird uns öffnen und führen. Das Drehmoment der Liebe ist freilich auch in einer

Paarbeziehung essenziell. Im vertrauensvollen Miteinander sich gegenseitig selbstlos zu fördern, gemeinsam dem jeweiligen Selbst entgegenzuwachsen – das ist das Paradoxon der reifen Paarbeziehung, die von Liebe getragen ist.

Als ein weiterer Weg zu uns selbst bietet sich die *Natur* an. Sie ist Spiegel und Botschafterin zugleich. Wer sich für einige Stunden in den Wald begibt oder eine Wanderung macht, bringt die Lebenssäfte in Schwingung. Viele können die Stimme des Herzens auch im stillen Gehen am besten hören. Schon ein kurzer Spaziergang durch einen Park kann mitunter unbekannte Kanäle öffnen. Wer aufmerksam unterwegs ist, wird permanente Inspiration und Ansprache finden: durch die Blumen, die Bäume, die Tiere – sie alle sprechen zu uns, wenn wir sie hören wollen. Wem das zu jenseitig erscheint, der mag es als Metapher oder Analogie verstehen oder diese Form des Dialogs einfach einmal für möglich halten. Ausprobieren. Hinschauen. Hinhören. Hinspüren. Offen dafür sein, was passiert.

Ebenso ist die *Kunst* ein Weg zu uns selbst, wie sie zugleich auch aus dem Inneren eines Künstlers fließt. Jeder große Schaffensakt einer Künstlerin oder eines Künstlers nährt sich von einem Inneren Ort, der mit dem großen Ganzen verbunden ist. Vor einigen Monaten war ich mit Konstantin Wecker, einem deutschen Musiker, Liedermacher, Schauspieler und Autor, in einer Talkshow eingeladen. Er meinte, dass seine Texte oft viel weiser seien als er selbst. Er verstehe manchmal erst Jahre später, was er da geschrieben habe. Das kann ich nachvollziehen. Es geht mir als Autor gleich und es ging mir als Politiker bei wichtigen Reden so. Wenn du im Flow bist, dann ist das gleichsam ein Download aus der Essenz, mit der du an deinem Inneren Ort verbunden bist. Ich habe lange gebraucht, das zu verstehen. Unter anderem war es Irene, die mir als Malerin diese Welt gezeigt hat. Eine Freundin von mir hat wiederum einen mittlerweile international erfolgreichen Coaching-Ansatz entwickelt, die sogenannte „Symbolon-Methode“, bei der sie mit Hilfe von Bildern und Kunstwerken ihren Klienten einen erweiterten Zugang zu sich selbst eröffnet. Sie hat mich über Jahre mit dieser Methode begleitet und ich bin begeistert davon. Seit dem Ausstieg aus der Politik coachen wir uns wechselseitig, ein für uns beide stets tief berührendes Erlebnis.

Eine äußerst intensive Berührung und ein mitunter provozierender Spiegel der Erkenntnis sind *Kinder*. Ich habe etliche Mütter und Väter getroffen, die mir offenbarten, dass kein Studium, kein Coaching, keine Therapie und kein Selbsterfahrungsseminar sie auch nur ansatzweise so kraftvoll bei der Selbstfindung befördert habe wie ihre Kinder. Das unterschreibe ich aus eigenem Erleben. Vater zu sein, ist für mich die größte Grenzerfahrung meines Lebens. Immer wieder an der Grenze, manchmal darüber. Und immer wieder erkenne ich mich dabei selbst, werde mir bewusst. Die Elternrolle ist ein intensiver, vor allem lebenslanger Weg zu sich selbst.

Wahrhaftige *Begegnung* mit Menschen, mit allem Leben und mit der Welt in all ihren Erscheinungsformen führt uns Schritt für Schritt näher zu uns. Deswegen erleben viele Menschen das Reisen als große Selbsterkenntnis, weil wir dabei – öfter als im Alltag – mit offenem Geist, offenem Herzen und offenem Willen unterwegs sind. Das hilft uns, wahrzunehmen und bewusst zu werden. Gerade halte ich das Buch „Weltnah: Raus aus der Komfortzone, rein ins Leben“ von Jakob Horvat in Händen. Darin beschreibt der Fernsehjournalist seine 14-monatige Pause vom Alltag, in der er durch Europa trampte, nach Amerika segelte, seine üblichen Muster verließ, Neues wagte, sich seinen Ängsten stellte und so Platz machte für Veränderung. Je weiter er sich von zu Hause wegbewegte, so Horvat, desto näher sei er bei sich selbst angekommen. Diese „zweite, ungeplante, eine unplanbare Reise zu sich" war für den Weltenbummler das größte Abenteuer.

Sehnsüchte des Herzens

Dieser Abenteurer berichtet unter anderem, dass er in Indien eine Ausbildung zum Yogalehrer gemacht hat. Er besuchte einen Ashram und ein Zen-Kloster und gab sich der Stille stundenlanger Meditationen hin. *Meditieren* ist ein Weg zu uns, den immer mehr Menschen auch in unseren westlichen Gesellschaften beschreiten. Das ist erfreulich, denn wir hatten diese Praxis, die wir neu finden müssen, schon fast verlernt. Mir hat dabei eine Erinnerung geholfen: Im Schulalter war ich zehn Jahre lang Ministrant. Meine Mutter schickte uns Kinder am Sonntag gelegentlich „in den Rosenkranz". Mir war diese rund halbstündige Andacht in der Kirche meist zuwider. Ich empfand sie als elende Monotonie und wunderte mich, was die alten Frauen, die in den hinteren Bänken knieten, daran fanden. Als ich mich zu Jahresbeginn 2019 in Goa in einer Mantra-Meditationsrunde widerfand, da erinnerte ich mich an diese Rosenkranz-Andachten. Ich musste lachen. Jetzt glaube ich zu verstehen, was die frommen, alten Frauen in meinem Heimatdorf in ihrem Gebet fanden. Sie hielten Einkehr bei ihrem Herrgott – und bei sich selbst.

Fast alle Wege zu uns selbst werden von der Stille geführt.

Wir müssen dem Lärm der Zeit und den äußeren Ablenkungen entkommen, um die Stimme des Herzens zu hören. Achtsamkeit braucht Stille. Sie öffnet die Weiten unseres Inneren. So werden wir zu staunenden Forschern. Wir sind dem Weltgeist auf der Spur, der in uns wohnt. In diesem Schweigen können wir es wagen, das Unbekannte aufzusuchen. Wir können der Weite lauschen.

Was sind die Sehnsüchte meines Herzens? Traue ich mich, in meiner Leidenschaft und Hingabe so lebendig wie ein Kind zu sein? Was bleibt von mir, wenn alles Äußere abfällt? Wie reich und voller Lebensfreude bin ich? Kann ich die Schönheit in allen Menschen und Dingen sehen? Wie ehrlich bin ich zu mir selbst? Welchen Beitrag will ich auf dieser Welt leisten?

Habe ich Angst vor meiner eigenen Größe? Bin ich bereit zu wachsen? Kann ich voller Begeisterung tanzen? Kann ich das Gute im Schlechten sehen? Kann ich meine Eltern umarmen, ganz gleich, wie ich aufgewachsen bin? Will ich aus Fehlern lernen? Bin ich bereit zu vertrauen? Bin ich mir selbst treu? Kann ich mit mir selbst allein sein? Liebe ich mich? Habe ich den Mut, loszulassen? Wem und was will ich dienen? Was ist meine Berufung? Wer bin ich wirklich?

In dieser Primärschichtung (1), „Wie ich innehalte, wahrnehme, BEWUSST WERDE“, geht es noch nicht darum, auf alles Antworten zu haben, sondern vor allem darum, jenen *Fragen* zu begegnen, die uns berühren. Jede der obigen Fragen setzt uns auf die Fährte zu uns selbst. Wenn dich einzelne dieser Fragen interessieren, dann nimm sie mit auf einen Spaziergang, auf eine Wanderung, in eine Begegnung oder in den Schlaf. Du wirst zu erstaunlichen Erkenntnissen kommen.

Den eigenen Träumen vertrauen

Gerade auch der Schlaf kann dein Verbündeter sein. Er ist die Heimat der *Träume*. Und Träume sind wie Briefe aus unserem Inneren. Sie sind Wegweiser. Sie sind Öffner. Der deutsche

Schriftsteller Jakob Wassermann ging gar so weit zu sagen: „Es geschieht kein großes Werk ohne Traum und Illusion, alle religiösen Lehren sind auf sie gegründet, jedes Martyrium um einer Sache willen, jedes Opfer um einer Idee willen, alle Steigerung des Daseins ins Ungemeine, jeder Glaube, jedes Glück des Alltags, jede Liebe und tiefere Beziehung."

Der Traum holt manchmal Unterdrücktes ins Bewusstsein. Oft spricht er in Rätseln zu uns. Ich hatte in der ersten Nacht im Ayurveda-Zentrum einen Traum, in dem ich meinem verstorbenen Vater und meinem Großvater begegnete. Es war das erste Mal, soweit ich mich erinnern kann, dass ich im Traum auf meinen Großvater väterlicherseits traf. Die Szenerie war skurril. Er schrieb mir via Kurznachricht auf mein Smartphone, dass wir uns beeilen müssten, wenn wir nicht zu spät zu seinem Begräbnis kommen wollten. Es war eine liebevolle und berührende Nachricht. Mein Vater wiederum fuhr mit dem Auto auf dem Weg zum Friedhof über die Treppen eines Vorgartens und wir amüsierten uns alle über dieses Missgeschick. Nach dem Aufwachen lag ich einigermaßen ratlos im Bett: „Was war das jetzt? Was soll ich davon halten? Was will mir dieser Traum sagen?" Ich weiß es nicht. Vielleicht noch nicht. Es ist okay. Jedenfalls war dieser Traum eine einzigartige und frohe Begegnung. Er hat mich daran erinnert, dass ich über meine Vorfahren in einen Fluss des Lebens und der Liebe gebettet bin.

Oft können wir die nächtliche Botschaft auch erst später entschlüsseln. Vor rund acht Jahren hatte ich im Sommerurlaub am Neusiedlersee an der österreichisch-ungarischen Grenze einen Traum, der in Spannung und Umfang einzigartig war. So klare Bilder hatte ich noch nie im Kopf, so ausführlich hatte ich eine Geschichte beim Erwachen noch nie in Erinnerung. Ich stieg seltsam energetisiert um halb sechs

Uhr in der Früh aus dem Bett, ein ungewöhnlicher Umstand für mich, da ich ein Morgenmuffel bin. Beschwingt setzte ich mich auf den Balkon und schrieb den Traum nieder. Es wurden drei volle Seiten auf dem Laptop, die eine Begegnung mit einem weisen alten Mann beschrieben. Dieser stellte sich mir als „Gärtner des Lebens“ vor und zeigte mir seine Felder, auf denen er alle möglichen Pflanzen und Blumen kultivierte. Die Ernte verteilte er in die ganze Welt und zog mit seinem Wirken weite Kreise.

Es war mir nicht einmal im Ansatz klar, was das Ganze bedeuten sollte. Zwei Wochen später jedoch holte mich dieser Traum bei meiner „Vision Quest“ wieder ein. Bei diesem Ritual im Wald, bei dem ich fünf Tage und vier Nächte allein in der Natur durchwachte, wurde die Stimme meines Herzens sehr klar. Meine Berufung wurde mir bewusst. Bis heute fasziniert und begleitet mich dieser Traum. Ich sehe ihn noch in all seinen Facetten. Überraschenderweise entschlüsselte sich eine weitere Sequenz gerade erst vor wenigen Monaten, als ich an einem Retreat in der Nähe von Wien teilnahm, der uns in tiefe Schichten unseres Wesens führte. Von beiden Begebenheiten werde ich im Kapitel (3), „Wie ich mich mit meiner BERUFUNG verbinde“, noch ausführlicher berichten.

Erfahrungen träumen

Früher hatte ich oft Albträume. Ich wurde nachts bedroht und verfolgt. Immer wieder war ich auf der Flucht oder in wilden Verwicklungen gefangen. Beim Aufwachen saß mir die Angst noch oft im Nacken. Schon jahrelang spürte ich einen Ruf in die Politik. Doch ich wusste, dass diese Träume und Ängste kleiner werden mussten, bevor ich diesem inneren Auftrag zur Gründung einer politischen Bewegung folgen konnte.

Sie würden mich in exponierter politischer Funktion zu sehr bedrohen und beeinträchtigen. Durch persönlichkeitsbildende Arbeit und die fünftägige „Vision Quest“ kam ich tatsächlich in eine andere Qualität. Nun konnte mich nichts mehr zurückhalten. Ich folgte meinem inneren Rufen.

Gleichzeitig hatte ich in diesen Träumen einiges an Erfahrung gesammelt. So nahm ich mir vor, mich in der Politik nie erpressbar machen zu lassen. Ich wollte stets – soweit es mit Rücksicht auf das große Ganze und die Systemdynamiken möglich war – Herr meiner eigenen Entscheidungen bleiben. Das ist in einer Branche, in der so vieles und so viele an dir zerren und unterschiedlichste Kräfte und Personen darauf drängen, dich in Abhängigkeiten zu bringen, kein leichtes Unterfangen. Oft kommt man in verzwickte Situationen und Verstrickungen aller Art drangsalieren dich.

Ich wollte mich dieser Form der Manipulation immer entziehen, um selbst im Pilotensitz zu bleiben. Ich wollte nicht fremdgesteuert sein, was freilich nicht einfach war.

Aber es ist mir – soweit ich das in persönlicher Befangenheit sagen kann – über all die Jahre gut gelungen. Ich bin mir sicher, dass ich meinen Weg nicht so klar gefunden hätte, wäre da nicht diese „erträumte“ Erfahrung gewesen, die mir einerseits Warnung, andererseits Auftrag war. Sie gab mir Übung, Wachsamkeit und Entschlossenheit.

Träume sind wohl ein noch weithin unverstandener Verarbeitungsmodus für all das, was wir tagsüber so erleben. Sie sind aber auch, da bin ich mir sicher, Wege ins Unterbewusste, Ausflüge ins Universum, Gespräche mit der Essenz, der Quelle allen Seins. Auch wenn sie oft schwer zu verstehen sind, nicht immer logisch abgeleitet werden können, mitunter verschwommen oder nur sehr bruchstückhaft in Erinnerung bleiben, sind sie wertvoll. Wenn wir träumen, gehen Teile unserer Seele auf Reisen, sagen die Schamanen der First Nation in Amerika. Und bekanntlich ist es doch so, dass wer eine Reise tut, etwas zu erzählen hat.

Immer wieder berichten mir Leute, dass sie nichts und nie träumen. Ich habe dazu Expertinnen und Experten befragt. Diese halten das für unwahrscheinlich. Aber natürlich ist es möglich, dass man sich nicht an seine Träume erinnert. Das lässt sich nicht erzwingen. Allerdings kann man – idealerweise vor dem Schlafengehen – eine explizite und liebevolle Einladung aussprechen, dass man heute träumen und seine Träume auch in die Erinnerung bekommen möchte. Natürlich funktioniert diese „Traum-Ausgabe“ nicht automatisiert wie beim Bankomaten. Aber ich habe Klienten und Bekannte, die damit Erfolg gehabt haben. Also, warum nicht einmal probieren?

Manche führen auch ein Traumtagebuch. Dafür hat mir persönlich immer die Konsequenz gefehlt. Es braucht beachtliche Beharrlichkeit und eine Achtsamkeit, die ich dafür nicht jeden Tag aufbringen kann oder will. Meine Erfahrung ist, dass die Umgebung und der Kontext meine Träume und deren Erinnerung sehr beeinflussen. So träume ich im Urlaub intensiver und die Erinnerungen sind stärker. Wenn ich also dem Druck des Alltags entkomme, wenn die Seele baumeln kann, wenn ich mir Zeit und Raum dafür gebe, dann kommen mehr Botschaften aus diesem Reich der anderen Lebendigkeit.

Der Blick in meine Abgründe

Es waren unter anderem meine Träume, die mich gelehrt haben, meine *Schattenseiten* zu erkennen und anzunehmen. Das ist eine der größten Herausforderungen auf dem Weg zu sich selbst. In einer dualen Welt gehören Licht und Schatten aber zu uns wie Tag und Nacht. Sie sind Teil unserer Welt und unserer menschlichen Natur.

In jedem von uns wohnen Abgründe. Wer ist noch nie eigenen Fantasien, Aggressionen oder negativen Gefühlen begegnet, die ihn beschämt haben? Die Scham ist eine gute Wächterin. Wir können sie zu unserer Verbündeten machen. Dabei geht es nicht darum, diese Anteile unserer Natur zu unterdrücken – im Gegenteil, das ließe sie im Unbewussten lediglich noch stärker wuchern –, es geht vielmehr darum, ihnen bewusst zu begegnen. Es braucht Mut, um mit den eigenen Schatten und dem Verdrängten, ein oft unbekanntes Land, in Kontakt zu gehen. Doch in der Begegnung können wir den Reichtum in uns erkennen und positiv nähren.

Wir sind keine Opfer! Wir sind unseren eigenen Schatten nicht hilflos ausgeliefert.

Wir können uns dafür entscheiden, Kinder des Lichts zu sein. Und danach handeln.

Natürlich sind wir auch von Umfeldfaktoren und biochemischen Impulsen gelenkt. Wenn ich um das tägliche Überleben kämpfen muss, engt die existenzielle Frage meine Handlungs- und Möglichkeitsräume massiv ein. Wenn mich Krankheiten dirigieren oder Hormonanfälle drangsalieren, erlebe ich heftige Einschnitte meines freien Willens. Doch es bleibt immer ein Spielraum, innerhalb dessen ich mich dafür entscheiden kann, wie ich mit einer Situation umgehen will. Meine Lieblingsgeschichte vom alten Indianerhäuptling illustriert dies eindrücklich. Gerade in ihrer Einfachheit hat sie mir viel gegeben, und ich erzähle sie gerne und immer wieder:

Ein alter Indianerhäuptling und sein Enkel sitzen am Lagerfeuer. Der Junge will wissen, wie das mit dem Leben und seinen Abgründen sei. Der alte Häuptling erzählt: „In meiner Brust kämpfen zwei Wölfe. Einer ist der Wolf der Dunkelheit, der Angst, der Verzweiflung, des Misstrauens, der Missgunst und des Neides. Der andere ist der Wolf des Lichtes, der Liebe, des Mitgefühls, des Frohmuts und der Lebensfreude."
Der Enkel horcht mit großen Augen, starrt gebannt in das Feuer. Er denkt nach. Ganz aufgeregt runzelt er die Stirn und fragt: „Großvater, welcher der zwei Wölfe wird gewinnen?"
Der weise, alte Mann antwortet: „Der, den ich füttere!"

Achten wir also darauf, wie wir auf die Abgründe des Lebens schauen. Das ist kein Plädoyer dafür, mit rosaroter Brille durchs Leben zu tanzen. Es soll die Erinnerung daran sein, dass wir mitbestimmen können, welche Bedeutung die Phänomene und Geschehnisse bekommen. Wir haben die Freiheit, jene Wölfe zu füttern, deren Wachstum wir für sinnvoll erachten.

Spannung in Energie übersetzen

In der Psychologie heißt diese Technik „Reframing" – Neurahmung oder auch Umdeutung. Dieser Ansatz aus der Systemischen Familientherapie wurde von Virginia Satir eingeführt und wird unter anderem in der Hypnotherapie sowie der Neurolinguistischen Programmierung (NLP) eingesetzt. Durch die Umdeutung einer Situation oder eines Geschehens wird diesen ein anderer Sinn zugewiesen.

„Scherben bringen Glück" ist eine volkstümliche Umsetzung dieser Technik, die offensichtlich schon lange vor jedem wissenschaftlichen Ansatz dazu bestanden hat. Ich kann mich über die Scherben ärgern oder ich gebe dem gerade geschehenen Missgeschick einen anderen, positiveren Rahmen. Das Bild bleibt dasselbe – die Scherben liegen am Boden –, aber die Interpretation ändert sich.

Der „Frame", der inhaltliche Rahmen, ist ein Konzept, das unsere Sicht erweitert oder eingrenzt, jedenfalls verändert. Verlassen wir die eindimensionale kognitive und emotionale Festlegung, können neue Deutungsmöglichkeiten entstehen. Wir können uns täglich darin üben, Szenen des Alltags aus einem anderen Blickwinkel zu betrachten. Dies erleichtert uns in der VUKA-Welt, mit schwierigen Situationen und potenziellen Überforderungen konstruktiv umzugehen.

Große Persönlichkeiten, die diskriminiert, von Krankheiten bedrängt oder verfolgt wurden, haben uns das vorgelebt. Wie hätte Nelson Mandela 27 Jahre politische Gefangenschaft durchgestanden, wenn er keinen positiven Rahmen, keinen Sinn gefunden hätte? Trotz widrigster Umstände entwickelte er sich weiter – belegte beispielsweise Fernkurse für den Bachelor of Law an der London University – und blieb so lebendig. Er fütterte offensichtlich den Mut und die Hoffnung. Er nährte seinen Glauben daran, dass eine andere, gerechtere Welt möglich ist.

Hätte Stephen Hawking uns bis zuletzt so bedeutende Einsichten und so viel Inspiration schenken können, wenn er sich aufgrund seiner Schicksalsschläge negativen Gefühlen hingegeben hätte? Immer wieder raffte er sich auf, selbst als sein Körper nicht mehr konnte. So nutzte er im späteren Stadium seiner Krankheit einen mit seinem Sprachcomputer verbundenen Infrarotsensor in seiner Brille, um sich mitzuteilen und in Begegnung zu gehen. Dieser Sensor sandte je nach Anspannung seiner rechten Wangenmuskeln unterschiedlich reflektierende Strahlen aus. Damit gelangte er zu einer Bildauswahl auf seinem Bildschirm. Selbst mit bloßem Wangenzucken blieb der dreizehnfache Ehrendoktor für Millionen von Menschen ein einzigartiger Ausdruck von Lebendigkeit.

Können wir nicht versöhnlicher und konstruktiver auf unsere multiplen Krisen – von privat-persönlichen Umbrüchen bis hin zu politischen Turbulenzen – schauen, wenn wir akzeptieren, dass die Welt nun mal von Polaritäten und Spannungen gekennzeichnet ist? Schließlich ist es diese Einsicht, die uns die Erkenntnis ermöglicht, dass immer auch etwas anderes möglich wäre. Diese *Spannung* können wir auch als Energiequelle nutzen. Denn „die andere Möglichkeit" ist die Wurzel für Veränderung, Entwicklung und Wachstum. Sie macht das Leben lebenswert.

Wenngleich sie uns stressen, liegen in Spannungszuständen besondere Möglichkeiten. „Stress ist das Salz in der Suppe des Lebens", formulierte Hans Selye, der Vater der Stressforschung. Wie im Falle der Suppe gilt freilich auch im Leben: Die Dosis macht das Gift.

In richtigen Dosen wirken Spannung und Stress vitalisierend. Sie eröffnen Möglichkeitsräume.

Spannung ist eine wichtige Voraussetzung, um eine Hürde nehmen zu können. Ohne richtig eingesetzte Spannung wird jeder Hürdenläufer auf der Strecke bleiben. Wie bei Angst ist auch in der Spannung der Weg aus ihr hinaus bereits angelegt. Das ist die besondere Energie dieser emotionalen Verfasstheit.

Barfuss in Washington

Stress ist also ein potenzieller Verbündeter *und* ein potenzieller Krankmacher, je nach Qualität und Dosis. Es gibt kein Instrument, das uns verlässlicher die Stressdosis und -qualität anzeigt als unser *Körper*. Er ist für mich ein wahres Wunder, das ich in meinem Leben Schicht um Schicht entdecke, eine Entdeckungsreise, die wohl bis zum Ende meiner irdischen Tage andauern wird.

Als Kind, selbst noch als junger Erwachsener, hatte ich kein ausgeprägtes Körpergefühl. Der Körper und ich, wir waren einfach da. Da kannte ich keine Unterscheidung. Ich funktionierte, war immer gesund und leistungsfähig. Als Bergbauernbub lernte ich, dass der Körper vor allem ein Instrument sei, das zur Arbeit zu nutzen ist. Zu Sport hatte ich wenig Bezug. Zwar wollte ich zum Fußball- und Tennisklub, aber da ich schon beim Musikverein war, legte meine Mutter ein Veto ein. Schwitzen ohne dabei Arbeit zu verrichten, war für die Bauerngeneration meiner Mutter – zumindest noch in den 1980er-Jahren – kein nachvollziehbares Konzept. Natürlich fuhren wir im Winter alle Ski, aber im Sommer stand die Feldarbeit im Fokus.

In meiner Studienzeit probierte ich dann einige Sportarten aus und eignete mir Schritt für Schritt mehr Körperbewusstsein an. Mehr und mehr wurde mir klar, dass ich eine heftige Ignoranz gegenüber meinem Körper besaß. Auf einem Studientrip in Thailand waren wir im Rahmen einer Exkursion zu einem entlegenen Stamm einmal mehrere Stunden auf einem heißen, sandigen Dschungelpfad unterwegs. Da mich meine Sandalen zwickten, beschloss ich kurzerhand barfuß zu gehen, so wie ich es in meiner Kindheit oft getan hatte. Nach drei Stunden hatte ich eine fast handtellergroße Blase am rechten Fuß. Meine Begleiter staunten, dass ich diese Entzündung nicht früher wahrgenommen und darauf reagiert hatte. Noch heute sehe ich vor mir, wie ein

Freund eine kleine „Mekong“-Whisky-Flasche auspackte, mir die Wunde desinfizierte und sie sodann mit meinem T-Shirt verband. „Eine gerechte Strafe für so viel körperliche Ignoranz“, sagte der katholische Ministrant in mir.

Auch wenn es wehtut, ist der Lernfortschritt mitunter bescheiden. Ein paar Jahre später bildete ich mir in Washington ein, jetzt sofort joggen gehen zu müssen. Ich war damals kein geübter Läufer und hatte auch keine geeigneten Schuhe dabei. So beschloss ich, mit einer Freundin und einem Freund barfuß durch die Stadt zu laufen. Wir rannten rund um den Eastern Market und den Capitol Hill hinauf. Die Leute schauten mich staunend an. Der Bergbauernbub in mir war stolz: „Was für ein harter Knochen!“ Zurück im Hotelzimmer war ich überrascht, dass die Füße zu schmerzen begannen. Zwei Tage lag ich dann mit einer Fußsohlenentzündung im Bett. Was für eine Niederlage – ein paar Stunden barfuß in der Stadt unterwegs und schon kaputt!

Auch als Sanitäter beim Bundesheer – ich absolvierte meinen Militärdienst erst nach dem Studium – bemerkte ich, dass andere einfach mehr Talent fürs Medizinische und mehr Affinität zur Anatomie hatten als ich. Schon beim Verarzten von Blasen nach langen Fußmärschen kam ich an meine Grenzen. Schwerere Fälle waren erst recht nicht mein Ding. Deswegen meldete ich mich auf unserer Krankenstation dann auch stets freiwillig für organisatorische Arbeiten und bürokratischen Kram aller Art. Da konnte ich mein soziales Talent und meine Management-Stärke ausleben.

Meine „Körperentdeckungslernreise“ ging trotzdem weiter, und ich machte Fortschritte. Mit der Zeit sind meine Körperwahrnehmungen klarer geworden, eine Entwicklung, die weiter anhält. Um in ein gutes Wahrnehmen zu kommen, brauche ich allerdings Ruhe. So war es nur logisch, dass mir mein Bandscheibenvorfall erst bewusst wurde, als Zeit und

Raum dafür da waren. Wohl hatte ich ihn schon mehrere Monate, wenn nicht Jahre, mit mir herumgetragen, akut wurde er aber erst fünf Monate nach meinem Ausstieg aus der Politik. Offensichtlich lässt der Körper in Schüben und Schichten Anspannung los; und immer nur so viel, wie ich bewältigen kann. Heute ist der Bandscheibenvorfall mein Begleiter und wichtiger Verbündeter, mein allzeit wachsamer Verbindungsoffizier in die Schichtung (2), ins Loslassen. Nichts und niemand hat mich in den letzten Jahren so grandios im Neinsagen bestärkt wie dieser plattgedrückte Knorpel.

Über sich selbst lachen können

Im Vergleich mit Irene wird mir immer wieder bewusst, wie viel Luft nach oben ich noch habe. Sie kann Sachverhalte gleichsam körperlich beurteilen. Wenn es ihr bei einer Erkenntnis die Haare auf den Armen aufstellt, dann wissen wir: Diese Einsicht ist gewichtig. Eine solche Sensorik hätte ich auch gerne. Wahrscheinlich habe ich sie ohnehin eingebaut – das ist wohl serienmäßig bei uns Menschen so –, aber ich kann das System nicht aktivieren. Oder noch nicht? Es will geübt sein, mit sich selbst Geduld zu haben. Auch hier bin ich unterwegs. Ich mache seit nunmehr acht Jahren Yoga und bin immer noch ein Anfänger, ein fortgeschrittener Anfänger immerhin. Und wenn ich besonders liebevoll auf mich blicke, dann sage ich mir: „Es wird."

Wir sollten uns selbst mit *Humor* begegnen.

Das hilft und bringt Leichtigkeit. Das ganzheitliche Bewusst-Werden soll nicht von Schwere dominiert sein, sondern auch spielerische Anteile haben. Und es darf Rückschläge geben; man sollte gelegentlich in Großzügigkeit über sich selbst grinsen. Ja, ich bin „eine anatomische Nullnummer“ und aus mir wird wohl kein Spitzenchirurg mehr und auch kein Yogalehrer, aber ich kann mich trotzdem lustvoll meiner Körperlichkeit hingeben.

Als ich im letzten Jahr bei den Videodrehs zu unserem Musikalbum beschloss, auch zu tanzen, war die Aufregung rundherum groß. Enge Mitstreiter meinten, wenn ich das mache, „dann wird nichts mehr aus dir. Das kannst du dann vergessen – weder ‚McKinsey‘-Chef noch Bundespräsident“. Ich musste lachen. Weder hatte ich die Absicht, in das klassische, internationale Consulting-Business einzusteigen, noch war eine Kandidatur zum Bundespräsidenten für die nächsten Jahre auf meiner Agenda. Und falls später doch? Was soll's? Ich bin so, wie ich bin.

Und wenn ich Lust habe zu tanzen, dann tanze ich.

So hielt ich es dann einige Monate später auch beim Dreh der ersten TV-Sendung, bei der ich Gastgeber war. Für die Produktion des Formats ging ich zwei Tage ins Kloster, um das Leben von Ordensschwestern zu erforschen. „Meine“ Nonne war eine begeisterte Zumba-Tänzerin. Und so beschlossen wir, gemeinsam eine Zumba-Stunde zu besuchen. Natürlich oszillierte ich zwischen hilflos und überambitioniert: potenziell verhängnisvolle Bilder. „Das ist ja superpeinlich“, meinte eine Freundin. „Deine Moves sind so überspitzt. Und total 90er-Jahre.“ Feedback in Ehren, aber ich hatte Freude dabei, und das zählt. Ich konnte mich *spüren*.

Der hohe Preis der Ignoranz

Wer sich nicht spürt, zahlt mitunter einen hohen Preis. So berichtete die US-Skirennläuferin Lindsey Vonn kurz vor ihrem Abschied aus dem Skizirkus, dass ihr Körper keine weiteren Rennen mehr zulasse. In den sozialen Netzwerken teilte sie mit: „Mein Körper ist gebrochen und nicht mehr zu reparieren und lässt mich nicht die letzte Saison bestreiten, von der ich geträumt habe … Mein Körper brüllt mich an zu STOPPEN, und es ist Zeit, dass ich auf ihn höre.“ Sie fragte sich öffentlich, ob es ihr mit 40 oder 50 noch möglich sein werde zu gehen. Ob sie wohl mit ihren Kindern noch Skifahren können würde. Offensichtlich wurde ihr erst sehr spät so richtig bewusst, dass sie eine Veränderung vornehmen sollte.

Das Flüstern des Körpers findet – mit Gruß von meiner Bandscheibe – nicht nur in der Spitzenpolitik zu wenig Gehör, sondern auch im Spitzensport. Gerade die Doping-Skandale der letzten Jahre belegen das auf beklemmende Weise. Oft ist kein Preis zu hoch. Mit Sicherheit gibt es noch hunderte andere Branchen und Lebensbereiche, wo der Druck, der Lärm, die vermeintlichen Sachzwänge und die selbstgewählte Arroganz und Ignoranz so ausufernd sind, dass wir die Botschaften unseres Körpers nicht hören. Solchermaßen gefangen wollen oder können wir uns nicht spüren.

Dass wir allerdings nicht restlos den Umständen und Zwängen ausgeliefert sind, artikulierte in den Wochen von Lindsey Vonns Abschied ihre Mitbewerberin Mikaela Shiffrin. Sie meinte: „Ich bin ICH, und niemand anderer.“ Und dass sie mit ihren 23 Jahren noch immer dabei sei, ihr volles Potenzial und ihre Grenzen zu begreifen. Aber sie habe „definitiv gelernt, dass ich mir meine Erwartungen und Ziele nicht von Überheblichkeit diktieren lasse“. Für sie sei der Sport eine Mischung „aus Arbeit, Training, Spaß, Kummer, Motivation, Lachen, Stress, schlaflosen Nächten, Triumph, Schmerzen, Zweifeln“ und zahlreichen anderen Elementen, „und hin und wieder ein paar Rennen“. Da spricht viel Weisheit und Hinspüren.

Gerade in diesem Spüren entsteht Bewusstsein. So wurde mir bei meinen Tanzdrehs bewusst, dass meine Verrenkungen mit 30 ausgelassener waren als heute mit Mitte 40. Das ist in Ordnung. Dafür verstehe ich die Nachrichten etwas besser, die mir mein Körper schickt. Das wiederum hilft mir in Findungs- und Veränderungsprozessen und ist eine Quelle für Zufriedenheit und Freude.

Wir sind immer im Fluss

Unser Körper ist nie derselbe. Er verändert sich jährlich, monatlich, täglich, ja stündlich. So auch unsere Wahrnehmung. Im Ayurveda-Zentrum nahm ich mir bewusst Zeit dafür und beobachtete meine *Empfindungen*. Ich habe schon berichtet: Fühlte ich mich bei meinem ersten Morgenguss anfangs wie eine Galaxie im Universum, so empfand ich mich dann als begossener Bergrücken im afrikanischen Hochland, umweht von einem kühlen Wind. Etwas später war ich der sprudelnde Gebirgsbach in den Schattenwäldern meines Heimatdorfs. Einige Sekunden danach „nur noch" ein nasser, weißer Mann, den es leicht fröstelte.

„Was kann ich aus meiner Wahrnehmung ableiten, dass ich plötzlich keine Galaxie mehr bin, sondern ein heimatlicher Gebirgsbach?" Darüber dachte ich an diesem Morgen, anfangs unschlüssig, nach. Denn es konnte so vieles bedeuten. Ich entschied mich dafür, dass es eine goldene Erinnerung an meine Kindheit war, eine Besinnung auf meine Wurzeln, ein freudiges Anklopfen meines Urvertrauens, in das ich ob einer glücklichen Kindheit gebettet bin. Allein dieses Bewusst-Werden erschien mir wertvoll und kraftspendend. Es war ein froher Start in den Tag.

„Was nehme ich von der Wahrnehmung mit, dass ich ein nasser, weißer Mann bin?“, setzten sich damals meine Gedanken fort. Das Bewusstsein weitete sich mit der Erkenntnis, dass wir so unterschiedlich und doch alle gleich sind – die zwei jungen Männer, die mich begossen, und ich. Es war das tiefe Empfinden, dass wir drei Brüder sind. Es wurde mir bewusst, dass ich in eine großartige Zeit geboren wurde, in der es uns möglich ist, so weit zu reisen wie nie zuvor, und allerhand Menschen zu treffen, die uns liebevoll Gutes tun. Ich erinnerte mich daran, dass die weißen Männer auf diesem indischen Subkontinent Ignoranz und Überheblichkeit in einer mich auf dieser Reise mitunter beschämenden Art und Weise ausgelebt hatten. Und ich verspürte Traurigkeit darüber, dass dergleichen heute nach wie vor vielerorts auf dieser Welt passierte. Ich nahm Freude darüber wahr, dass in diesem Ayurveda-Zentrum Hindus und Christen gut miteinander arbeiteten. Keine Selbstverständlichkeit in einer Zeit, in der die Polarisierung weltweit zunimmt, gerade auch in Indien – ein Land, in dem die Nationalisten, wie leider vielerorts, verstärkt die religiöse Karte zücken.

Was mir die Ameisen flüsterten

Nicht nur unser Körper ist ständig im Fluss, auch unsere *Umwelt*. Als ich in Athreya die Dachterrasse zu meiner Open-Air-Schreibstube machte, beobachte ich an mehreren Tagen den Sonnenaufgang. Einmal stand die Sonne fast übergroß und ockergelb leuchtend im höchsten Baum am Horizont. Es war überwältigend. Unser Yogalehrer war kurz vor dem Gehen und schickte dem Feuerball noch ein Gebet entgegen, dann trafen sich unsere Blicke. Zwei frohlockende Herzen verbanden sich in einem Augenblick des Jubels. „Es ist ein Wunder“, sagte er leise zu mir. Ich nickte und lächelte. Ja, es war unglaublich. Vermeintlich jeden Tag dasselbe und doch so einzigartig. Am Tag danach war der glühende Sonnenball etwas blasser und stand über dem Nachbarbaum. Ich hatte den Standpunkt leicht verändert und fragte mich, welche unserer Standpunkte über die Zeit hinweg völlig gleich bleiben. Wohl kaum irgendwelche. Die Natur und die Umgebung helfen, uns dessen bewusst zu werden.

So waren beispielsweise am selben Vormittag lästige Ameisen als Botschafter unterwegs. Ich hatte mein Tablet auf zwei Schaumstoff-Gymnastikblöcken aufgebaut, um stehend tippen zu können. Mir fiel auf, dass ich damit eine Ameisenstraße blockierte, die auf der Betonbrüstung der Terrasse verlief. Es war offensichtlich eine Herausforderung für die kleinen Insekten, einen zentimetergroßen Umweg machen zu müssen. Es bildete sich ein Stau. Nach rund einer Minute löste sich dieser auf. Die kleine Blockade auf dem regulären Pfad hatte sich offensichtlich herumgesprochen. Ameisenbuschtrommel. Das Neue war innerhalb einer Minute gelernt und wurde vollends integriert.

„Welche Botschaft liegt in dieser Beobachtung der Ameisen?“, fragte ich mich. Ich war mir nicht sicher. Aber jedenfalls erinnerten sie mich daran, dass erstens das Leben mitunter Steine in unseren Weg legt und zweitens unsere Wege gestaltbar sind.

Wir können uns für neue Pfade entscheiden. Manchmal müssen wir es sogar, wenn wir nicht kraftlos an einem Ort verkommen wollen.

Wahrnehmen und Bewusst-Sein sollten natürlich nicht zur Obsession werden. Auch hier sollten wir auf der Hut vor unserem übersteigerten Ego sein. Ich muss nicht immer wahrnehmen, vor allem nicht immer und sofort interpretieren. Ich darf auch einfach sein. Wenn ich aber wahrnehme, ist es wichtig, nicht sofort in strenge Bewertungen zu verfallen. Das verschließt den Geist, das Herzen und den Willen. Um offen zu bleiben, ist es hilfreich, in eine Haltung zu gehen, vergleichbar einem Archäologen, der aufmerksam wühlt und betrachtet, aufnimmt, aber nicht sofort immer seine Schlüsse ziehen kann und muss. Das Wahrnehmen hat seine Zeit, die Bewertung ebenso.

Wenn wir solcherart durchs Leben gehen, werden wir unseren Körper als unerschöpfliche Quelle des Wahrnehmens und Bewusst-Werdens erfahren. Ebenso unsere Mitmenschen, unsere Umwelt, die Natur, die Pflanzen, Tiere und Träume.

Lebe die Fragen

In der Schichtung (1), der wir uns in diesem Kapitel gewidmet haben, geht es nicht darum, sofort alle Antworten parat zu haben, sondern um eine bewusste Öffnung. Es geht ganz wesentlich um die *Fragen*.

Es ist so, wie es der Lyriker Rainer Maria Rilke in einem von seinen rund 7.000 erhaltenen Briefen schreibt. Ein junger Mann hatte ihm seine dichterischen Versuche geschickt, mit der Bitte um eine Bewertung. Rilke meinte: „… ich möchte Sie (…) bitten, (…) Geduld zu haben gegen alles Ungelöste in Ihrem Herzen und zu versuchen, die Fragen selbst liebzuhaben wie verschlossene Stuben und wie Bücher, die in einer sehr fremden Sprache geschrieben sind. Forschen Sie jetzt nicht nach den Antworten, die Ihnen nicht gegeben werden können, weil Sie sie nicht leben könnten. Und es handelt sich darum, alles zu leben. Leben Sie jetzt die Fragen. Vielleicht leben Sie dann allmählich, ohne es zu merken, eines fernen Tages in die Antwort hinein.“

Die Fragen zu leben, dafür braucht es Bereitschaft. Und Geduld.

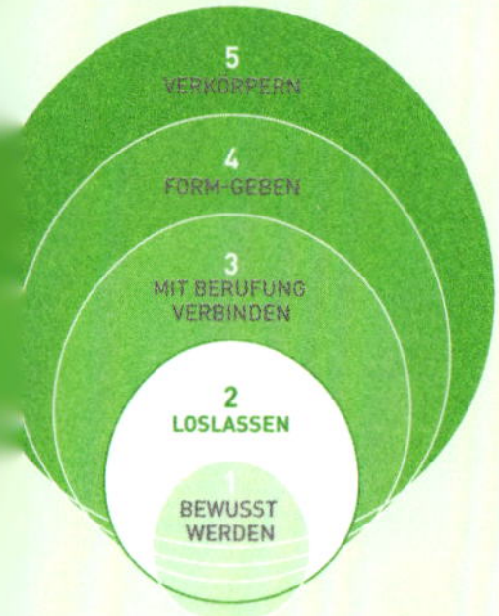

Freiraum schaffen

(2) Wie ich das LOSLASSEN kultiviere

In der zweiten Woche im Ayurveda-Zentrum zog ich mich stärker zurück, aß oft auch allein in der Stillezone, beobachtete meine Gedanken und die Vögel im Garten. Ich genoss die Ruhe, freute mich aber dennoch stets, wenn sich jemand an einem der Nachbartische ebenfalls in die Stille niederließ. Wir nickten uns dann freundlich zu. So kam ich wortlos in Kontakt mit einer US-Amerikanerin. Die ersten Tage nickten wir uns lediglich zu, irgendwann ergab sich auf der Veranda des Gästehauses dann ein kurzes Gespräch.

Miranda erzählte mir, dass sie bisher in Kalifornien gewohnt hatte, ihr Haus aber vergangenen November bei großflächigen Waldbränden dem Feuer zum Opfer gefallen war. Ein paar Habseligkeiten konnte sie in ein Zwischenlager retten, der Großteil aber war verloren. Ihr Zuhause war von heute auf morgen verschwunden, in Asche gelegt. Just im selben Monat verstarb darüber hinaus unerwartet ihr Vater, der in einem anderen Bundesstaat gewohnt hatte. Daraufhin beschloss sie, ihren Job zu kündigen. Nun war sie hier in Indien.

Die leere Hand ist frei

Als Miranda mir so über die Geschehnisse ihrer letzten Monate berichtete, schüttelte es mich regelrecht. Ich musterte die junge Frau genauer. Stand hier vor mir eine Heimatlose? Eine Verzweifelte? Wie geht es jemandem, der innerhalb weniger Wochen sein Haus, einen Elternteil und seinen Job verliert? Wieso war ihr, ob dieser großen Verluste, nicht mehr Hader und Schwermut anzusehen? Im Gegenteil, sie strahlte eine beachtliche Ruhe aus, die ich auf die Entfernung zuerst als Traurigkeit interpretiert hatte. Aber nun, im direkten Gespräch, war da ein in sich gesetzter Friede, eine Art von offener, noch schüchterner Bereitschaft. Ja, sogar ein leises Strahlen.

„Was wirst du jetzt machen?“, fragte ich sie. „Ich weiß es noch nicht.“ Sie sei nun einmal zwei Monate hier, dann schaue sie weiter. Noch vor drei Monaten hätte sie dies weder für möglich gehalten noch das Geld für diese Reise gehabt.

So wie das Leben diese „Reisende“ in das multiple Loslassen gezwungen hatte, so hatte es ihr damit offensichtlich auch neue Türen geöffnet. Türen, die für sie davor weder bekannt noch sichtbar gewesen waren. Sie gab sich, so schloss ich aus unserem Gespräch, voller Vertrauen einem Prozess des Werdens hin.

„Nur eine freie Hand kann empfangen“, kam mir ein Spruch in den Sinn, als ich ein Stockwerk höher in mein Zimmer ging.

Diese Worte hatte mir einst die Leiterin einer Fastenwoche mitgegeben, als ich ihr von meinen persönlichen Plänen erzählte. Ich wollte damals etwas großes Neues anpacken, wusste aber noch nicht recht wie. Sie öffnete mir die Augen dafür, dass ich zum Anpacken zuerst die Hände freibekommen müsse. Sie griff nach zwei Gläsern und hob sie in die Höhe: „Nun, gib mir was Neues!“, forderte sie mich auf. Ich verstand. Es galt, zuerst zumindest eine Hand frei zu machen, sonst würde diese nichts Neues „begreifen“ können. Diese Erkenntnis begleitet mich bis heute, insbesondere, wenn es in meinem Leben nach

Veränderung riecht. „Was bin ich bereit, loszulassen?“, frage ich mich dann. Loslassen ist eine essenzielle Vorleistung, bevor Neues einziehen kann.

Ich kann nicht nach Rom gelangen, solange ich in Wien beschäftigt bin. Bevor etwas Neues Platz greifen kann, muss ich Raum dafür schaffen. Und bevor ich ins Loslassen kommen kann, muss ich bewusst werden, erkennen. Auch anerkennen. Von diesem Akzeptieren aus kann ich meine Reise ins Neue antreten.

Anerkennen, was ist

Erkennen und annehmen, was ist – das sind die ersten zwei Tore zur Veränderung. Miranda hatte diese Tore offensichtlich hinter sich. Es war sicherlich nicht leicht gewesen, hindurchzuschreiten. In ihrem Falle wurde sie von Schicksalsschlägen hindurchgestoßen. Aber natürlich müssen wir in solchen Fällen diesen Weg nochmals bewusst nachvollziehen. Wir müssen begreifen, was geschehen ist, es uns auch emotional aneignen und anerkennen.

Ein Bekannter von mir geht seit über vier Jahren jeden Tag zum Grab seiner Frau. Er leidet. Täglich. So verständlich die schlimme Trauer über den Tod seiner Frau ist, so sehr blockiert sie ihn zugleich. Seine Frau ist gestorben. *Sie* ist nicht mehr unter den hier Lebenden, aber *er* ist es. Und er sollte – will er wieder mehr Lebensfreude fassen – die Beziehung zu seiner Frau nun wandeln. Er muss ihr Wesen als irdisches Leben loslassen. Wenn er ihren Tod nicht integriert, wird sein Alltag auch die kommenden Jahre von Schmerz und Trauer geprägt sein. Dabei geht es um ein intellektuelles und emotionales Begreifen und Integrieren. Auf Basis dieses ganzheitlichen Wahrnehmens kann er dann auch in eine bewusste Veränderung gehen und somit eine andere Form der herzlichen Verbundenheit mit seiner verstorbenen Frau kultivieren. Dies sollte ihm Kraft und Freude für sein irdisches Dasein stiften.

Eine neue Qualität des Seins und Tuns hat also ein Loslassen zur Voraussetzung.

Und dies wiederum basiert auf bewusstem Wahrnehmen. Diese Primärschichtung (2), Loslassen, emuliert sich aus der Schichtung (1), dem Bewusst-Werden. Ein sehr eindrückliches Beispiel dafür begegnete mir ebenfalls in Athreya, im Rahmen eines Gesprächs beim Frühstück:

Susanne aus der Schweiz erzählte mir, dass sie mit völlig aufgeschwollenen Gliedmaßen hier angekommen sei. Jede Berührung tat weh. Sie sei früher selbst ayurvedische Beraterin gewesen, doch die letzten fünf Jahre waren ein ziemlicher Trip. Sie war mit einem lieben Freund aus Jugendjahren zusammengekommen. „Ein herzlicher Mensch, aber ein Alkoholiker. Ich habe geglaubt, gemeinsam schaffen wir den Absprung, und er kommt da raus. Doch ich habe mich dabei fast selbst ruiniert. Ich habe in dieser Zeit 15 Kilo zugenommen, meine ayurvedische Praxis und mein Yoga vollkommen aufgegeben. Schlussendlich habe ich erkannt: Ich kann ihn da nicht rausholen. Und ich selbst kann nicht mehr! Ich habe mich im November getrennt." Beruflich wird Susanne nach ihrer Rückkehr gemeinsam mit einer Freundin einen Suppen- und Cup-Cake-Shop eröffnen. Darauf freut sie sich schon sehr. Auch sonst wird sie sich „so ziemlich komplett neu erfinden", so ihr Ausblick.

Freilich müssen es nicht immer Schicksalsschläge oder traurige Begebenheiten sein, die uns in die Veränderung schicken. Mein Patenkind bat mich unlängst in ein „Sparring" für seine berufliche Zukunft, da es nun sein Doktoratsstudium abgeschlossen hatte. Die Frage für den jungen Mann war, ob er eine wissenschaftliche Karriere verfolgen oder in die Privatwirtschaft wechseln sollte. Vom Bauch her hatte er sich – so mein Eindruck bereits bei unserem ersten Gespräch – schon für ein Verlassen der Universität entschieden. Aber als Physiker war es für ihn nicht einfach, diese gefühlte Klarheit auch in den Kopf zu bringen. Da brauchte es ordentliche Vermessungen, rationales Gewichten, Kausalitätsabfragen und Risikoabschätzungen. Ein wildes intellektuelles Ringen. Zum Glück konnte er dabei auch gelegentlich über sich selbst schmunzeln und zeigte beachtliches Geschick im „Rahmen-Setzen". Er hatte einen kleinen Preis für seine Forschungsarbeiten gewonnen, dieses Geld investierte er nun in einen viertägigen Rückzug in ein Wellness-Hotel in Südtirol. Dort kam er zu gutem „Bewusst-Sein". Ebenso bewusst wollte er die nächsten Schritte angehen.

Mein Patenkind setzte sich also entschlossen in das Kapitänscockpit seines Lebens und nahm die Veränderung proaktiv in die Hand. Er begriff auch, dass er im Abschiednehmen von so vielen ihm dargebotenen Optionen einiges an Trauerarbeit zu leisten hatte. „Loslassen für Physiker – wahrscheinlich keine mathematische Formelübung", murmelte ich vor mich hin, als ich ein paar Wochen später nach unserem zweiten Telefongespräch mein Smartphone zur Seite legte.

Loslassen ist Übungssache

Auch wenn es keine mathematische Formel gibt, so können wir das Loslassen doch üben. Besonders wichtig ist das „Mindset" – die Bewusstseinshaltung. Hier hilft die Erkenntnis, dass wir im menschlichen Leben *so vieles* formen und verändern können. Es macht Sinn, sich dabei als gestalterisches Wesen zu begreifen. Veränderung findet immer statt, gefragt und ungefragt.

Allerdings gilt: Wer sich nicht definiert, der wird definiert – von anderen Personen, Umfelddynamiken und Mächten aller Art. Dann läuft man Gefahr, zum Spielball zu werden. Man wird nach Belieben von anderen herumgeschubst. Als Grundlinie für mein Leben ist das keine attraktive Vorstellung. Daher handle ich nach der Devise: Love it, change it or leave it – liebe es, ändere es oder lass es sein. Ich agiere als Pilot und möchte nicht als willenloser Passagier dahintreiben. Es sei denn, ich habe mich bewusst für ein gelassenes Dahintreiben entschieden.

Natürlich, manches in unserem Leben haben wir nicht in der Hand, vieles aber können wir aktiv anpacken. Die Richtung des Flusses im Leben ist vorgegeben. Gegen die Flussrichtung anzuschwimmen, ist auf Dauer äußerst ermüdend. Daher lerne ich (noch immer), erstens die Flussrichtung zu lesen und zweitens so manche fixe Idee abzugeben. In diesem Loslassen bekomme ich dann den Kopf, das Herz und die Hände frei, um aufmerksam zu beobachten, was der Fluss so alles mit sich bringt. Dann kann ich zugreifen, anpacken, rudern.

Ich kann meine Bewegungen im Fluss selbst steuern.

Da kommen ordentlich Meter zusammen. So kann ich Ziele anstreben, Akzente setzen, Erfahrungen machen, Begegnungen anpeilen, Erlebnisse organisieren, Ergebnisse heimholen. Nicht alles ist immer zu schaffen. Manchmal ist der Fluss zu schnell oder ich bin zu langsam oder zu schwach, zu wenig entschlossen oder bereits zu beschäftigt. Aber ich erlebe es als bewusstes Navigieren. Das gibt mir Kraft, Frohsinn und Lebensfreude.

Ich habe das Loslassen bewusst geübt. Eines meiner tollsten „Übungscamps“ war über Jahre das Kloster Pernegg im nördlichen Waldviertel, nahe der österreichisch-tschechischen Grenze. Seit Anfang der Nullerjahre ziehe ich mich dort immer wieder mal für eine Fastenwoche zurück. Das ist ein Loslassen für Körper, Geist und Seele. Ein bewusstes Heraustreten aus dem Alltag, ein Hineinhorchen in die Stille, eine Einkehr bei mir selbst.

Bevor ich in die Politik wechselte, war ich zwölf Jahre lang Unternehmer. Meine Mitarbeiterinnen und Mitarbeiter entwikkelten über die Jahre einen gewissen Respekt vor dieser Fastenwoche. Denn sie hatten beobachtet, dass ich stets mit frischer Energie und mitunter kühnen neuen Plänen von dieser „Auszeit" zurückkam. Was würde ihr Chef also in diesem Jahr mitbringen?

Auch für mich selbst war es oft eine Überraschung, was sich im Laufe dieser Woche oder im Anschluss daran zeigte. Im Vordergrund stand oft das körperliche Erleben – der Verzicht auf feste Nahrung, das Schielen auf die Waage, das Glaubern und die Einläufe, um den Darm zu reinigen. Doch bereits bei meiner ersten Fastenwoche begriff ich, dass es um viel mehr geht: Um das spirituelle Erlebnis, in dieser Ruhe mir selbst zu begegnen. Die langen Spaziergänge im Wald und auf den Feldern waren eine Form der Meditation. Die alten Gemäuer atmeten so viel Geschichte, und die professionelle Begleitung war stets voller Herzlichkeit. Ein echter Kraftort.

„Die Fastenzeiten sind Teil meines Wesens. Ich kann auf sie ebenso wenig verzichten wie auf meine Augen. Was die Augen für die äußere Welt sind, ist das Fasten für die innere." Das meinte einst Mahatma Gandhi. Tatsächlich führt das Fastenerlebnis auch bei mir stets zu einer großen Verbundenheit – mit mir selbst, den Menschen rund um mich, der Natur, ja mit der ganzen Welt und all ihren Erscheinungen. Auch ist es stets eine Erlösung von so manchen Sachzwängen des Alltags. Ich, als einer, den das Leben an einem Ort zur Welt kommen ließ, wo wir so von materieller Fülle getragen und mitunter auch erdrückt werden, genieße dann gerade auch die Leere. „Fasten heißt, sich weigern, in Materie zu ersticken: Sich von allem Überflüssigem verabschieden." So schilderte es der Ordensgeistliche Phil Bosmans einst so trefflich.

Was wir alles auslassen können

Ich habe in den letzten 20 Jahren beobachtet, wie das organisierte Fasten – als ein besonderer Weg des Loslassens – immer mehr Zuspruch findet. Als ich 2013 in Interviews zum ersten Mal öffentlich darüber sprach, erntete ich einiges an Häme. Eine Brise Gemeinheit kam im Folgejahr dazu, als ich in der reichweitenstärksten Zeitung des Landes ein Gedicht über das Wesen und die Schönheit der Kastanie veröffentlichte. Dieses war mir während meiner Fastentage im Klostergarten eingeschossen.

Im größten nationalen Radiosender wurde über meine „Kastanieneinläufe" gewitzelt, und führende Journalistinnen und Journalisten des Landes nahmen die Kombination aus Fasten und Gedicht zum Anlass, meine politische Alltagsarbeit herabzuwürdigen. Natürlich gab es auch in all den Jahren danach während meiner Reden im Parlament immer wieder verächtliche, nicht sehr kollegiale Zwischenrufe mit Hinweisen auf Bäume und Kastanien. Doch gleichzeitig geschah Erstaunliches: Mit der Zeit kamen immer mehr Abgeordnete – aus allen Parteien – auf mich zu und erzählten mir meist etwas verstohlen und fast verschwörerisch, dass sie nun auch auf Fastenwoche gewesen seien. Alle waren sie begeistert.

Ich sage nicht, dass jede und jeder fasten muss oder soll. Aber ich finde es großartig, wenn Menschen bewusst einen Rahmen wählen und setzen, um Körper, Geist und Seele baumeln zu lassen, um loszulassen und zu sich zu kommen. Wenn ich auch nur einen Menschen dabei unterstützen oder dafür inspirieren konnte, dann ist das all die Häme wert gewesen. Da ich aus vielen Zuschriften weiß, dass es so ist, bin ich versöhnt (und schreibe nun Bücher, wo ich vom Kräuterwasser-Spucken erzähle).

Gerne erinnere ich mich an den besonders eindrücklichen Bericht eines Abgeordneten zurück. Er kam während laufender Parlamentsdebatte zu meinem Sitzplatz und begann zu flüstern: „Weißt du, für mich war es mehr, als ein paar Kilo zu verlieren. Das tut mir auch gut, aber eigentlich war es ein Loslassen an allen Ecken und Enden. Ich habe mein Handy abgedreht. Sogar den Laptop ganze fünf Tage. Ich habe meine familiären Verpflichtungen mal eine Woche hinter mir gelassen, und das ganze verrückte politische Geschäft. Mehrere Tage ohne Zeitung und Fernsehen waren bisher nicht vorstellbar für mich. Es hat so gutgetan. Ich bin auf ganz neue Gedanken gekommen." Wir mussten beide lachen. Ich konnte es ihm nachfühlen.

Was können wir nicht alles loslassen, wenn wir wollen: Begierden, Glaubenssätze, negative Gefühle, den Alltag, nervige Mitmenschen, Aufgaben, Funktionen, Gerätschaften, Besitztümer, Anspruchsdenken, fixe Ideen, Verdächtigungen, Bewertungen, lähmende Konflikte, Verhaltensmuster, Abhängigkeiten, unangenehme Erinnerungen, schlechte Gewohnheiten, Alltagsgerümpel, Anspannung, Schmerzen, übersteigertes Pflichtgefühl, unguten Stress, Enttäuschungen, Kränkungen, Probleme aller Art, die Vergangenheit, die Zukunft …

Nein, es muss nicht alles weg – wir sind Menschen und wir haben einen Alltag. Aber es macht Sinn, bewusst darüber zu entscheiden, was du behalten willst.

Es macht etwas mit dir, wenn du bewusst loslässt. Ich lade dich herzlich zu einem Experiment ein: Greif dir aus der obigen

Aufzählung nur drei konkrete Punkte heraus, die du in den kommenden Tagen loslässt. Beobachte, was passiert!

Die Angst als Wegweiser

Susanne aus Zürich hat den Glaubenssatz losgelassen, dass sie ihren Freund aus der Alkoholsucht führen kann. Es hat ihr Leben verändert. Mein Nachbar hat letzte Woche das Rauchen aufgegeben und lief gerade vor wenigen Minuten in Turnschuhen an meinem Fenster vorbei – er winkte mir mit einem breiten Grinser. Mein Patenkind hat die Idee einer Hochschulkarriere hinter sich gelassen – nicht, weil das nicht auch eine gewisse Anziehungskraft für den jungen Mann hatte, sondern weil er seinen Bauch, sein Herz und seinen Geist befragt hat, was noch stimmiger wäre. Was das sein könnte, dazu hatte er bereits Vermutungen entwickelt. Aber er musste das eine loslassen, bevor er das andere fix in Händen hielt. Das beschäftigt uns dann. Es macht mitunter Angst.

Die Angst kommt in vielen Formen und Gestalten. Sie hat einen schlechten Ruf in unserer Gesellschaft. Dabei gehört sie zum menschlichen Leben und kann uns eine gute Wegweiserin sein.

Jedes Loslassen ist ein Rendezvous mit unseren Ängsten. Es geht dann irgendwann auch darum, die Angst loszulassen. Aber vorneweg ist sie oft das richtige Gefühl am richtigen Ort.

Denn das Unbekannte braucht die Angst, um bekannt zu werden.

Ein asiatisches Sprichwort behauptet: „Der schrecklichste Drache hütet das Wertvollste." Und der große US-amerikanische Mythenforscher Joseph Campbell war sich sicher: „Nur wenn wir in den Abgrund hinabsteigen, finden wir die Schätze des Lebens. Dort, wo du stolperst, liegt dein Schatz."

Gelegentlich lese oder höre ich Interviews mit Politikern, in denen sie gefragt werden, wovor sie Angst haben. Bei manchen kommt die Antwort: „Vor nichts." Da bleibe ich dann immer hängen und denke mir: „Glaub ich nicht!" Natürlich halte ich es für taktisch nachvollziehbar, diese Frage nicht detailliert zu beantworten. Der politische Gegner würde diese Auskunft mitunter gegen einen verwenden, und auch die Bevölkerung wünscht sich „angstfreie" Politiker. Nur ist dies nach allen menschlichen Maßstäben nicht realistisch. Allerdings nehme ich an, dass manche dieser Interviewten wirklich selbst an ihre Antwort glauben. Das halte ich dann für einen Hinweis, dass die „déformation professionelle" – die Verformung ob des eigenen Berufs – bei diesem Politiker so weit fortgeschritten ist, dass er entweder sich selbst nicht mehr spürt oder solche Fragen gar nicht mehr ernsthaft an sich heranlässt. Er antwortet mit einer belanglosen Schablone.

Mit Putin im Darkroom

In Athreya machte ich zum Thema Angst eine interessante Bekanntschaft. Beim Abendessen kam ich mit einem Russen ins Gespräch. Er war vor mehr als drei Jahrzehnten ein hochqualifizierter Molekularbiologe gewesen, spezialisiert auf Gencode und DNA. Verschlungene Wege führten ihn zu Glaubens- und Gottesfragen. Er begann seine spirituelle Praxis bei der Hare-Krishna-Bewegung. Allerdings waren religiöse Vereinigungen dieser Art in der Sowjetunion damals verboten. Autoritäre Regime versuchen immer auch das geistige und spirituelle Erwachen ihrer Bürgerinnen und Bürger nach Kräften hintanzuhalten. So kam er rasch ins Fadenkreuz des Geheimdienstes. Als einer seiner Weggefährten ins Gefängnis gesteckt wurde, entschied er sich, seine Heimat phasenweise zu verlassen.

Auch seinen Beruf musste er aufgeben. Heute ist er ein Guru der Hare-Krishna-Bewegung in Russland und führt eine große Gemeinde.

Ich war sehr beeindruckt von seiner Offenheit. An diesem Abend berichtete er mir, dass er in den nächsten Tagen in den „Darkroom“ gehen würde. Hinten auf dem Gelände des Ayurveda-Zentrums befand sich ein kleines Haus, das dreifach ineinander verschachtelt als Dunkelkammer konzipiert war. Dort konnte man einer ayurvedischen Praxis folgen, die die völlige Abschottung von Sonnen- und Tageslicht bedeutet. In dieses satte Schwarz wollte der Russe nun für zwei Wochen abtauchen. „Huch, ich würde da sehr mit meinen Ängsten kämpfen“, warf ich ein. Erinnerungen an meine einsamen Nächte im Wald und in den Bergen kamen hoch. Mit 20 lag ich einmal alleine in einer Alpenhütte und hörte die ganze Nacht ein Klopfen und Kratzen. Wie sehr ich auch versuchte, den Geräuschen rational zu begegnen – wahrscheinlich waren es Murmeltiere, die ihre Behausungen unter die Hütte gegraben hatten –, es half überhaupt nichts. Ich lag in meinem kalten Schweiß und betete, dass die Batterien meines Walkmans nicht ausgehen würden. Denn das war die einzige Ablenkung, die zumindest im Ansatz Erleichterung brachte.

Der Russe schaute mich mit einem freundlichen Lächeln an und sagte: „Ja, die Angst wird sicherlich über mich kommen.“ Das erstaunte mich. Ich wollte es genauer wissen: „Ich hätte mir nicht gedacht, dass ein Guru mit jahrzehntelanger spiritueller Praxis Angst vor der Dunkelheit hat. Welche Bilder könnten dich überfallen? Wovor hast du Angst?“, fragte ich ihn. „Was sind Ängste?“, lachte er. „Fears are fears. They will find their object.” Ängste sind Ängste. Die Angst findet ihr Objekt. Rational ist das schwer fassbar und so gut wie nicht lenkbar.

Nochmals hakte ich nach und betonte, dass ich es spannend fände, dass ein religiöser Führer zugibt, ab und an Angst zu haben. Er meinte, er hätte die Frage natürlich überspielen oder eine ausweichende Antwort geben können. Aber es sei nun mal so.

Die Angst sei immer wieder einmal sein Begleiter.

Vor einigen Tagen beispielsweise war es nachts auf seinem Appartement-Dach rundgegangen. Ein lautes Fauchen und Kratzen, das ihm durch Mark und Bein gegangen sei. Er habe tags darauf dann auch mit Dr. Sreejit darüber gesprochen. Wahrscheinlich war es ein besonderes Tier gewesen, von dem der Ressortleiter wusste. Aber ja, er habe Angst gehabt. „Natürlich versuche ich dann, meine Ängste loszulassen. Es gelingt mir ganz gut, sie zumindest kleiner zu machen“, sagte er. „Aber ich habe allen Respekt davor, dass sie jederzeit in altem oder neuem Gewand zurückkommen können.“

Unsere Unterhaltung fing nun auch die Aufmerksamkeit von Didier, dem abenteuerlichen Franzosen, ein. Der hatte mir beim Mittagessen von einigen seiner Lebensstationen erzählt. Von der Arktis bis nach Feuerland, von der Mongolei bis in den australischen Busch – er hatte schon unter allen Sternen gelegen. Es entwickelte sich ein Gespräch über „starke Männer“. Und so kamen wir auf Wladimir Putin zu sprechen. „Hältst du ihn für einen starken Mann?“, fragte ich mein russisches Gegenüber. „Auf gewisse Weise“, bekam ich zur Antwort. „Glaubst du, Putin hat im Dunkeln auch Angst?“, wollte ich wissen. Der Russe grinste. Didier feixte: „Oh, steck ihn allein in den Darkroom. Der wird sich dort zu Tode fürchten!“ Wir lachten und waren uns einig – egal, wie stark sich jemand inszeniert, den angstfreien Menschen gibt es nicht.

Mit einer liebevollen Halbumarmung verabschiedeten wir uns an diesem Abend. Eine tiefe Begegnung in weniger als 60

Minuten. Ich wünschte meinem russischen Kollegen alles Gute für seinen bevorstehenden Umzug ins Dunkel und versprach ihm, schon in der ersten Nacht aufs Dach zu steigen, um ein bisschen zu kratzen und zu klopfen.

In die Stille, in die Leere

Am nächsten Tag begann ich zu diesem Darkroom-Thema zu recherchieren. Dr. Sreejit hatte mich zwei Tage zuvor bei unserer Besprechung in seinem Büro mit aufgesetzter Sonnenbrille empfangen. Er hatte sich dafür mit dem Hinweis entschuldigt, dass er etliche Tage in diesem Dunkelraum war und sich seine Augen nun wieder an das Tageslicht gewöhnen mussten. Das wollte ich genauer wissen. Bei meiner Tagesbesprechung mit seiner Gattin nutzte ich die Gelegenheit. „War er wirklich da drinnen, und was macht er dort?", fragte ich. „Ja, er war mehrfach im Darkroom", antwortete sie. „Beim ersten Mal waren es geschlagene 36 Tage." Er habe sich einfach abgemeldet und gesagt, er mache das jetzt. Ihre Erlaubnis hätte er nämlich wahrscheinlich nicht bekommen. Immerhin gebe es in Familie und Betrieb viel zu tun. Allerdings, so ergänzte sie, habe sie ihn dankbarer zurückbekommen. Sie schien versöhnt.

In der Bibliothek bei der Rezeption fand ich einige Bücher zum Thema und lernte, dass es die Dunkeltherapie in unterschiedlichen Varianten in den verschiedensten Kulturen gibt. Insbesondere in Tibet, Indien und Japan ist sie historisch stark verankert. Im Rahmen der Visionssuche und des meditativen Rückzugs wurde die Dunkelheit zur Unterstützung der Innenschau, Mediation und Selbsterfahrung auch von vielen indigenen Stämmen genutzt. Teils folgen sie noch heute solchen Praktiken. Die Schamanen des kolumbianischen Kogi-Volkes, so las ich, zogen sich sogar jahrelang in dunkle Hütten zurück.

Erstaunliches zeigten dann meine weiteren Recherchen: Auch in Europa hat die Begegnung mit dem Dunkel der Nacht alte Tradition. Bereits die Etrusker und Römer kultivierten Dunkelheitsrituale. Hildegard von Bingen, die große Benediktinerin und Universalgelehrte, experimentierte vor fast tausend Jahren damit. Ebenso sollen sich altirische Seher in dunkle Räume gelegt haben.

In den letzten Jahren ist die „Therapie der Nacht" als „Dunkeltherapie" in Europa in neuem Kleide wieder auferstanden. In sämtlichen europäischen Ländern gibt es die verschiedensten Anbieter für Retreat-Möglichkeiten. Vom Kloster über private Psychotherapeuten bis hin zu spezialisierten Organisationen. Eine Google-Suche zeigte mir gleich Dutzende Angebote allein im deutschsprachigen Raum. Auch erinnerte ich mich an den früheren Lebensgefährten einer Freundin, der sein Burn-out mit zehn Tagen Totalverdunkelung selbst behandelte, eine Praxis, zu der es auch wissenschaftliche Erkenntnisse gibt.

Tatsächlich dürfte eine solche Form der Therapie – idealerweise unter fachmännischer Begleitung – im Loslassen sowie im Öffnen spiritueller Wahrnehmungen unterstützen. Die Dunkelisolation regt die Produktion von Melatonin und DMT (N-Dimethyltryptamin) in der Zirbeldrüse an. DMT hat eine psychedelische, halluzinogene Wirkung. Es ist beispielsweise auch in der Pflanze Psychotria viridis enthalten, die bei sogenannten Ayahuasca-Retreats mitverwendet wird. Ayahuasca – von den Indigenen im Amazonasgebiet als „Liane der Geister" bezeichnet – wird derzeit in Europa und den USA ziemlich abgefeiert. Alternative Kreise nutzen sie als Stimulanz für spirituelle Kurzerfahrungen.

Nun wird sich nicht jeder von uns in eine Dunkelkammer setzen, zehn Tage in sein Schlafzimmer sperren oder ein

Ayahuasca-Ritual versuchen. Das erscheint mir weder stimmig noch notwendig. Wir können aus diesen Schilderungen jedoch lernen, dass es für das Loslassen wichtig ist, den geeigneten Rahmen zu setzen.

Natürlich müssen das keine Extremvarianten sein. Allein mit dem Verfügen von Ruhe, Stille oder Leere scheint ein wichtiger Schritt getan. Dazu haben alle großen Kulturen und Religionen ihre Rituale entwickelt. Wir können dies im Großen und im Kleinen in unser Leben einfügen. Vom Urlaub in der Wüste über den Spaziergang am Abend, das Innehalten an einem guten Ort, das Meditieren im Kerzenschein, das bewusste Essen in Stille bis hin zum Einlegen von Fasttagen – es gibt unzählige Möglichkeiten, die jede und jeder von uns kultivieren kann.

Den Rückzug in die Leere gibt es in tausend Varianten.

Es geht letztlich darum, Leere zuzulassen, denn auch sie ist in unserem Kulturkreis nicht gut angeschrieben.

Doch wer stets an der Fülle hängt, der wird zwanghaft. Das Leben braucht gewissermaßen eine Entleerung, um den Findungsprozess für eine neue Lebensbestimmung beginnen zu können. Darauf werde ich im nächsten Kapitel, „(3) Wie ich mich mit meiner BERUFUNG verbinde", detaillierter eingehen. Jedenfalls sollten wir nicht vor der Leere flüchten, auch wenn sie nichts ist, womit man prahlt, nichts, wofür man gesellschaftliche Anerkennung bekommt, nichts, was uns auf den ersten Blick produktiv erscheint.

Als ich nach einigen Tagen in Athreya dazu überging, mein Essen in der Stillezone einzunehmen, waren dies wertvolle Erlebnisse. Vermeintlich sitzt man da etwas verloren allein an einem leeren Tisch. Doch rasch wurde ich mir der Veränderungen bewusst. Ich entschloss mich für das Loslassen von belanglosem Small Talk, aber auch von interessanten Gesprächen. Es war ein Hochamt der Schichtung (1), „Bewusst-Werden“. Plötzlich hatte ich beim Kauen ganz andere Sinneswahrnehmungen. Ich erinnerte mich der gefühlt tausend Geschäftsessen, die ich über die letzten Jahre eingetaktet hatte. Das Essen so nebenbei hineinzuwürgen, das ist nichts, so spürte ich jetzt, was dem Körper guttut.

Faktum ist, dass jedem von uns gelegentlich die Leere begegnet. Falls nicht, können wir sie im Ansatz organisieren. Es ist wichtig, sie nicht durch Zerstreuung, neue Bekanntschaften oder geistige Widmungen sofort wegzudrücken. Wir sollen sie zulassen. Sie ist Ergebnis des Loslassens und solcherart Seelennahrung, Dünger für persönliches Wachstum.

Gönne dich dir selbst

Es ist so wichtig, dass wir uns selbst immer wieder Gutes tun, dass wir die Selbstliebe kultivieren. Dazu gehört beispielsweise auch das Genießen. „Wer nicht genießt, wird auf Dauer ungenießbar“, sagt eine alte Volksweisheit. Wir alle wissen aus eigener Erfahrung, dass da was dran ist. Wenn wir den Kontakt mit uns selbst verlieren, verlieren wir uns in der Welt.

Ob der Sorge um andere Menschen, um unsere beruflichen Verantwortungen, um all die Sachzwänge und Erwartungen von außen laufen wir Gefahr, auf uns selbst zu vergessen. Inmitten all der Pflichten und Termine unseres Alltags ist es nicht leicht, einen Lebensrhythmus zu finden, der uns in guter Balance und in Verbindung zu uns selbst hält. Darunter leidet dann oft auch die körperliche und geistige Gesundheit.

Wir sollten es zur Kunstfertigkeit machen, bewusst und positiv auf die Beschaffenheit unseres Alltags einzuwirken. „Es ist viel klüger, du entziehst dich von Zeit zu Zeit deinen Beschäftigungen, als dass sie dich ziehen und dich nach und nach an einen Punkt führen, an dem du nicht landen willst", schrieb einst Bernhard von Clairvaux, Ordensgründer und frühscholastischer Mystiker, an Eugen III., den ersten Zisterzienser-Papst, seinen früheren Schüler und Mönch. Um in Verbindung mit unserem Wesenskern, mit unserer Seele zu bleiben, brauchen wir immer wieder den Abstand vom Lärm und der Geschäftigkeit des Alltags. Das gilt insbesondere für unsere überreizte VUKA-Welt.

Wir können und sollten die Kunst üben, zu uns selbst gut zu sein, denn, so Bernhard von Clairvaux: „Ja, wer mit sich selbst schlecht umgeht, wem kann der gut sein? Denk also daran: Gönne dich dir selbst. Ich sage nicht: Tu das immer, ich sage nicht: Tu das oft, aber ich sage: Tu es immer wieder einmal. Sei wie für alle anderen auch für dich selbst da, oder jedenfalls sei es nach allen anderen."

Drop your Ego

Ein Mönch coacht also den Papst in Sachen Zeitmanagement und Selbstfürsorge. Obwohl fast tausend Jahre alt, klingen die Gedanken wie maßgeschneidert für unsere Zeit. Ich war schon versucht, diesen Brief an einige Regierungs- und Konzernspitzen quer über den Planeten zu schicken. Ich glaube, uns allen fallen da Personen des öffentlichen Lebens oder Menschen in unserem persönlichen Umfeld ein, denen wir diese Gedanken zum Geleit mitgeben sollten. Wobei frei nach Mahatma Gandhi gilt: Seien wir selbst die Veränderung, die wir uns für die Welt wünschen! Damit bin ich meist schon ziemlich ausgelastet. Deshalb habe ich mir während meiner Zeit als Parteivorsitzender diesen Brief dann gelegentlich als Mahnung an mich selbst vorgelesen.

Nicht nur Päpste, Parteichefs, Regierungsspitzen und Konzernvorstände laufen Gefahr, vom geschäftigen Alltag überrollt zu werden. Jeder und jede von uns!

Besonders gefährdet sind wir dann, wenn wir uns für äußerst relevant und unersetzlich halten.

Wird das Ego zu groß, gelingt das Loslassen gar nicht mehr. Daran werden wir dann persönlich Schaden nehmen.

Dies kann sogar tödlich enden, wie uns Narziss, der Schönling aus der griechischen Mythologie, lehrt. Davon, was ihm widerfuhr, existieren verschiedene Versionen. In der bekanntesten Fassung von Ovid gerät Narziss in eine Art Wahn: Er verliebt sich in sein Spiegelbild, das er im Wasser sieht, und versucht verzweifelt, es zu greifen und festzuhalten. Am Ende stirbt der schöne Jüngling – er konnte nicht loslassen.

Manchmal sind wir auf ein Bild von uns selbst fixiert, das wir – vielleicht durchwachsen, aber doch – lieben und an dem wir festhalten wollen. Wir sollten unsere Selbstbilder immer wieder einmal hinterfragen und daraufhin überprüfen, ob wir sie in dieser Form behalten wollen. Mitunter verkommt ein Selbstbild auch durch sich ändernde Umstände zu einer Täuschung oder zu einer lieb gewonnenen Reduktion der Lebendigkeit. Werden die Vorstellungen von mir selbst den Herausforderungen gerecht, die das Leben an mich stellt? Vielleicht ist es wie bei einem Foto von unserem Haus, auf dem leider nur der erste Stock zu sehen ist. Das Foto zeigt nichts Falsches, aber auch keinen brauchbaren Ausschnitt, um beispielsweise über einen Dachausbau nachzudenken.

Wenn das Schicksal hart zuschlägt

Bevor wir dieses Kapitel abschließen, möchte ich nochmals einen genaueren Blick auf jenes Loslassen werfen, in das wir gleichsam gezwungen werden, sei es durch Krankheit, Unfall oder andere Schicksalsschläge. Wie gehen wir mit einem Verlust oder einem Zustand um, den wir uns so nicht ausgesucht haben?

In dem geschilderten Gespräch mit dem russischen Kollegen in Athreya erstaunte mich seine Heiterkeit, als er mir von seinen Erlebnissen mit dem KGB berichtete. „Wie schaust du heute auf den Geheimdienst und den Umstand, dass du deinen Job verloren hast und das Land zeitweise verlassen musstest?“, fragte ich ihn. Mit einem fast schelmischen Lächeln meinte dieser: „Der KGB war gleichsam mein Guru. Die Verfolgung damals war mein Glück. Das hat mir sehr geholfen. Es hat mir den Weg gewiesen.“

Vor einiger Zeit war ich als Talkgast zu einer Executive-Lounge-Veranstaltung eines Unternehmens geladen, das große Betriebe dabei unterstützt, die Potenziale von Menschen mit Behinderung als Kunden und Mitarbeiter zu nutzen. Im Vorfeld lud mich der Unternehmensgründer zu einem Kennenlernen ein. Ich traf ihn in einem Café in der Wiener Innenstadt. Über den Umstand, dass er im Rollstuhl saß, kamen wir auf seine Lebensgeschichte zu sprechen. Die Behinderung erwischte ihn völlig unvorbereitet während seiner Schulabschlussreise. „Ich sprang ins Meer. Kein Stein, nichts. Aber ich spürte sofort, da ist was.“ Seit seinem achtzehnten Lebensjahr sitzt er nun im Rollstuhl. Was hat er wohl alles loslassen müssen? Wie kann man mit so einer Zäsur konstruktiv umgehen? Woher nahm er die Kraft, weiterzumachen?

Sicherlich gelang die positive Integration dieser Schicksalsschläge nicht über Nacht – weder im Fall meines russischen Kollegen noch im Fall des österreichischen Bekannten. Aber beide scheinen einen zutiefst positiven Weg gefunden zu haben. Die meisten von uns können wohl nur im Ansatz nachfühlen, was einem nach solch großen Verwerfungen widerfährt. Doch keinem von uns bleiben dunkle Phasen im Leben erspart – seien es Krankheiten, Unfälle, Beziehungskrisen oder berufliche Rückschläge.

Wenn uns so etwas zustößt, fragen wir uns oft: Warum ich? So naheliegend in solchen Fällen die Frage nach dem Warum auch sein mag, sie hilft uns bei schicksalshaften Ereignissen nicht weiter, liefert sie uns doch keine befriedigenden Antworten. Viktor Frankl, der Begründer der Logotherapie und der Existenzanalyse, hat hierzu bahnbrechende Werke verfasst. Er ist sich sicher, dass uns bei inneren oder äußeren Bedingungen, an denen wir nichts ändern können, die Frage nach dem Warum mehr blockiert als weiterbringt, weil sie den Fokus auf die Vergangenheit und das Problem legt. „Energy flows, where attention goes", so ein Merksatz der Psychologie.

Die Energie fließt dorthin, wohin wir unseren Aufmerksamkeitsfokus richten.

Bleiben wir also im Problemfokus gefangen, so kreisen wir um die Enttäuschung und die Schmerzen. Wir finden keine befriedigenden Antworten und offensichtlich auch keinen Ausweg.

Viktor Frankl überlebte vier verschiedene Konzentrationslager, darunter Auschwitz. Er war nicht nur Theoretiker, er war durch und durch ein Praktiker. Er plädierte dafür, den Fokus auf die gestaltbare Zukunft zu lenken und zu fragen: „Wozu fordert mich das Erlebte heraus?" So wechseln wir von der Opferhaltung in die Rolle des Gestalters. Wir werden vom Statisten zum Regisseur, vom Passagier zum Piloten unseres Lebens. Indem ich Verantwortung für meine Antworten übernehme, bekomme ich auch die scheinbar verloren gegangene Freiheit wieder zurück: Die Freiheit, mein Leben selbst zu gestalten. Aus einem querschnittsgelähmten Schulabsolventen wurde so ein Ehemann, vierfacher Vater und vielfach ausgezeichneter Unternehmer, der ein Leuchtfeuer für zehntausende Menschen entzündet hat.

Die letzte Freiheit, die uns immer bleibt, ist die Haltung, die wir zu den Dingen einnehmen.

Manches Verhängnis, über das wir lesen oder von dem wir hören, lässt uns natürlich daran zweifeln, ob man nach so einem Schicksalsschlag nochmals aufstehen kann. Angesichts solcher Zweifel halte ich mir stets den Zuruf von Milton Erickson, dem Begründer der Hypnotherapie, vor Augen: „Es ist nie zu spät, eine glückliche Kindheit gehabt zu haben.“ Was immer dem Menschen widerfährt, es gibt Heilung – nicht nur für das Innere Kind, auch für den verletzten Erwachsenen.

Die Glücksforschung brachte hier in den letzten zwei Jahrzehnten wertvolle Erkenntnisse. Wir sind in unserem Glücksempfinden nicht allein von Lebensumständen, angeborenem Charakter oder unserer Persönlichkeitsstruktur gesteuert. Glücklich und zuversichtlich zu sein, kann man üben. Positive Gemütszustände können durch aktive Lebensgestaltung nachhaltig gesteigert werden. Martin Seligman, eine weltweit anerkannte Koryphäe in Sachen Positive Psychologie, berichtet in seinen Büchern, er selbst sei ein Pessimist, der gelernt habe, optimistisch zu denken. Er hat offensichtlich ein altes Bild von sich losgelassen.

Das Loslassen als Begleiter durch alle Schichtungen

Sind wir in der Primärschichtung (2), „Loslassen“, unterwegs, so wächst auch die Qualität des Wahrnehmens. Das

Bewusst-Werden nährt sich im Loslassen und das Loslassen im Bewusst-Werden. Wenn man sich dem Loslassen hingibt, spürt man plötzlich Dinge, die man sonst nicht spürt. Man hört, was man sonst nicht hört. Man sieht, was man sonst nicht sieht.

Bei meiner letzten Fastenwoche im Kloster Pernegg saß ich zwischen den Mauern der alten Einfriedungen im Garten. Teilweise stammen diese Gemäuer aus dem 12. Jahrhundert. Faszinierend. Als ich so in Richtung Abendsonne blinzelte, erblickte ich vor mir plötzlich dutzende von Spinnfäden im Gras. Verwundert schaute ich genauer hin und entdeckte ein uferloses Netzwerk an silbern glänzenden Fäden, das sich über die ganze Wiese erstreckte. „Darin habe ich heute in der Früh noch barfuß meine Morgenmeditation gemacht. Woher kommen all diese Fäden, die das ganze Feld durchziehen?“, fragte ich mich.

Rasch kam ich zu der Auffassung, dass sie wohl schon die längste Zeit da waren, zumindest länger als ich an diesem Ort. Ich hatte sie nur nicht gesehen und nicht gespürt. Als die Abendsonne unterging, da verschwanden alle Fäden wieder aus meiner Wahrnehmung. Ich konnte sie nicht mehr sehen, aber nun wusste ich, dass sie da waren. Es brauchte offensichtlich ein ganz besonderes inneres und äußeres Licht, damit ich sie optisch wahrnehmen konnte. Diese Entdeckung hatte ich gemacht, als ich in Stille und mit leeren Händen in die Abendsonne schaute. Ohne das Loslassen von allem Möglichen – meinem Alltag, meinem Smartphone, meinem Buch, meinem ursprünglichen Zeitplan, meinen Gesprächspartnern, meinem gemütlichen Bett – hätte ich dieses kleine Wunder nie erlebt.

So wie uns das Loslassen im Bewusst-Werden stärkt, so öffnet es uns auch für die Verbindung mit unserer Berufung. Ja selbst in der Primärschichtung (4), „Form-Geben“, und in der Primärschichtung (5), „Verkörpern“, bleibt es unser Verbündeter.

Als ich dachte, ich hätte das Loslassen hinter mir, da schickte mich mein Osteopath in die MRT-Röhre. Diese lieferte mir den Befund für meinen Bandscheibenvorfall. Wie schon angedeutet, hat sich so einiges verändert, seit ich davon eine bewusste Wahrnehmung habe. Ich habe mehr Prototypen (Schichtung 4) als ursprünglich geplant stillgelegt, also losgelassen (2). Ich habe mich noch stärker mit meiner Berufung (3) verbunden, ich bin noch bewusster (1) im Innehalten (2). So durchwirken sich die verschiedenen Schichtungen und bleiben einander treue Gefährten.

Finden statt suchen

Das Leben ist ein ewiges Kommen und Gehen. Loslassen ist eine Form der Bewegung. Und diese Bewegung öffnet – für das wirklich Neue. Der Akt des Loslassens nährt gleichzeitig das eigene Urvertrauen. „Ich suche nicht – ich finde", schrieb der Maler Pablo Picasso und betonte weiters „das Wesenhafte des modernen Menschen, der in aller Angst des Loslassens doch die Gnade des Gehaltenseins im Offenwerden neuer Möglichkeiten erfährt".

Wir dürfen uns geborgen wissen im Prozess des Werdens. So wie Miranda, die ihr Haus verloren hatte, ihren Vater, ihren Job – und die nun vor mir stand, in Zuversicht und unaufgeregter Lebenslust. Sie gab sich dem Wachsen hin.

Die Kraft der Essenz

(3) Wie ich mich mit meiner BERUFUNG verbinde

Im Frühsommer 2011 war ich parallel zu meiner unternehmerischen Tätigkeit im Bereich der systemischen Organisationsentwicklung mit einem Buchprojekt beschäftigt. Das Buch entstand zwar nicht in der geplanten Form, aber das Projekt setzte ungeahnte und riesige Umwälzungen in meinem Leben in Gang.

Der Arbeitstitel für das Buchprojekt war „Wege zu mir selbst". Ich recherchierte dafür unter anderem verschiedene Formate der Persönlichkeitsentwicklung und Selbsterfahrung. Dabei stieß ich – wie bereits angesprochen – auf das Format der „Vision Quest". Diese, so zeigte mir eine Internetsuche, gab es weltweit in verschiedensten Varianten, meist als etwa zehntägigen Retreat, im Rahmen dessen sich die Teilnehmer rund fünf Tage allein in die Wildnis zurückzogen. Das Format folgt dem Ritual nordamerikanischer indigener Stämme, die ihre jungen Männer für einige Tage in den Wald oder die Berge schicken, bevor sie in den Kreis der Erwachsenen aufgenommen werden. Sie sollen in der Natur innehalten und wahrnehmen, unterstützt durch rituelle Handlungen eine Schwelle überschreiten und schlussendlich ihr „Lied des Lebens" erhalten.

Ich war fasziniert. Das „Lied des Lebens" – was für eine Sehnsucht, was für ein Versprechen. In derselben Woche kam mir ein Buch der schweizerisch-amerikanischen Psychiaterin Elisabeth Kübler-Ross in die Hände. Sie befasste sich über Jahrzehnte mit dem Umgang mit Sterbenden und dem Tod und gilt als Begründerin der Sterbeforschung. Gemäß ihrer Erfahrung beurteilen

Menschen am Ende ihres Lebens ihre eigene Geschichte entlang der Fragen:

- Liebe: Habe ich genug Liebe gegeben und bekommen?
- Authentizität: Habe ich meine eigene Musik gespielt? Habe ich wirklich mit meiner Stimme gesprochen?
- Idealismus: Habe ich die Welt ein bisschen besser gemacht?

Wenn dir der Weltgeist an die Stirn tippt

„Spiele ich meine eigene Musik?", geisterte es mir über mehrere Tage durch den Kopf. „Was ist das Lied meines Lebens?" Ich setzte meine Recherchen fort. So stieß ich auf den Blog „Inspiration and Chai" der Australierin Bronnie Ware. Sie arbeitete als Krankenpflegerin auf einer Palliativstation und hielt ihre Erfahrungen aus der Betreuung todkranker Menschen in Blogbeiträgen fest. Der Artikel „The Top Five Regrets of the Dying" verbreitete sich gerade quer über den Planeten und fand innerhalb kurzer Zeit Millionen von Leserinnen und Lesern. Ihr weltweiter Bestseller „Fünf Dinge, die Sterbende am meisten bereuen" folgte in den Jahren danach in rund 30 Sprachen.

Als jenes Versäumnis, das die Menschen am meisten belastet, wenn sie im Sterben liegen, nennt Bronnie Ware: „Ich wünschte, ich hätte den Mut gehabt, mir selbst treu zu bleiben, anstatt so zu leben, wie andere es von mir erwarten!" Diese Lektüre packte mich mit Haut und Haaren. Just am selben Tag steckte mir eine Freundin, eine nüchterne Naturwissenschafterin, eine kleine Broschüre zu. Ihr kurzer Kommentar: „Schau dir das mal an!" Ich warf einen Blick hinein und fand eine Einladung zu einer „Vision Quest" in Südfrankreich. „Schräg!", sagte ich mir und konnte es nicht glauben, dass mir dieses Thema nun auch aus einer ganz anderen Richtung begegnete. Als ich tags darauf in einer Buchhandlung stand und auf dem Klappentext eines Buches erneut auf die „Vision Quest" stieß, da sagte ich mir: „Okay. Verstanden. Ich bin gemeint."

Offensichtlicher hätte die *Synchronizität* nicht sein können. Der Weltgeist hatte – ohne für mich erkennbaren kausalen Zusammenhang – mehrfach in derselben Woche mit demselben Impuls an meine Stirn getippt. Er flüsterte: „Vision Quest, Vision Quest, Vision Quest." Diesen „Wink des Himmels" interpretierte ich nun so: „Du sollst nicht darüber schreiben. Du sollst selbst eine machen."

Einmal diesen Gedanken gefasst, ließ er mich nicht mehr los. Ich wollte mich den existenziellen Lebensfragen stellen und startete eine Recherche für passende Angebote. Das Problem war die zeitliche Frage. Wir hatten drei kleine Kinder zu Hause, und ich war über die nächsten vier Monate komplett mit Aufträgen ausgebucht. Da würden sich keine zwölf Tage in Feuerland, keine zehn Tage in Alaska und auch nicht neun Tage in Finnland ausgehen. Der in Südfrankreich angebotene Retreat war noch über ein halbes Jahr entfernt – dagegen sprach meine Ungeduld. „Das muss doch auch in Österreich möglich sein", sagte ich mir. Tatsächlich wurde ich bei einem Schamanen in Wien fündig. Er bot ein fünftägiges Format an. Genau fünf Tage konnte ich in der Sommermitte freimachen. Keine 48 Stunden später saß ich bei meinem „Stadtindianer" auf der Couch und wir besprachen das Vorhaben.

Er erläuterte mir den rituellen Ablauf der „Quest" und empfahl mir das Buch „Visionssuche" von Steven Foster und Meredith Little. Die zwei Autoren haben in den Vereinigten Staaten schon Tausende Menschen auf ihren „Vision Quests" begleitet. Diese Lektüre verschlang ich im Familienurlaub; unter Irenes Argwohn, die dem ganzen Vorhaben sehr kritisch gegenüberstand. Für ihre ablehnende Haltung hatte ich zwar Verständnis – niemand konnte vorhersagen, was mir da draußen in der Wildnis begegnen und mit welchen „Erleuchtungen“ ich zurückkehren würde –, aber die innere Notwendigkeit war so dominant, dass mein Wille nicht zu erschüttern war. Drei Wochen später lag ich bereits im Wald.

Heldenreise oder Hippie-Shit?

Zur Entscheidung stand, ob ich meinen Ausflug in den Bergen meiner ersten Heimat, im Westen Österreichs, machen sollte oder am Rande Wiens im Wienerwald, also in meiner zweiten Heimat. Letzteres war die Spezialität meines Schamanen, und aus pragmatischen Gründen entschied ich mich für diese Variante. So führte mich „Red Eagle“ an einem schönen Augustvormittag in den Wald vor den Toren der Großstadt.

Da ich während meines Rückzugs ohne direkten Kontakt sein wollte, vereinbarten wir einen Ort in einem aufgelassenen Steinbruch, an dem ich in einem Versteck täglich ein Lebenszeichen deponieren würde. Sodann widmete ich mich fünf Tage und vier Nächte der Absichtslosigkeit. Es war ein tiefes Eintauchen in den „Open will“, wie Otto Scharmer in seiner „Theory U“ jenen Zustand nennt, in dem wir loslassen und in dem sich Neues zeigen kann. Ich wollte mich vor allem meinen Ängsten stellen. Ich wusste: In der Verlassenheit der Nacht würde mich im dunklen Wald die Angst überkommen.

Die Zeit war nun reif, mich mit diesen Dämonen zu konfrontieren. Kein ohnmächtiges Kapitulieren mehr!

Ich hatte großes Vertrauen. Aber irgendwo in mir gab es auch Zweifel, ob es sich nicht um einen mir sympathischen „Hippie-Shit“ handeln könnte. Hilfreich war die Entdeckung, dass die ganze Geschichte auch in einer wissenschaftlich geleiteten Übersetzung zur Verfügung stand. Der amerikanische Psychotherapeut Paul Rebillot wurde weltweit mit seinem gestalttherapeutischen Konzept der Heldenreise bekannt, das exakt der Dramaturgie des Initiationsritus indigener Stämme folgt. Entlang der Thesen des Mythenforschers Joseph Campbell spürt Rebillot den universalen Aufgabenstellungen der Helden aller Kulturen nach. Sein drei- bis fünftägiges Heldenreise-Seminar umfasst die Etappen „Ruf und Herausforderung", „Angst und Schwelle des Aufbruchs", „Begleiter" und eine (Fantasie-)Reise in ein magisches Land, in dem „innere Aufgaben" zu bestehen sind. In diesen Herausforderungen zeigt sich die Konfrontation der „eigenen Heldenseite" mit der „eigenen Dämonenseite". Im Ergebnis und als Belohnung wartet die Klärung der eigenen Kräfte. Als abschließende Aufgabe gilt die Rückkehr in die reale Welt. Mit den neuen Erfahrungen ausgestattet, sollte sich im Alltag nun mehr Klarheit, Sicherheit und Offenheit einstellen. Im Buch „Die Heldenreise. Das Abenteuer der kreativen Selbsterfahrung" von Paul Rebillot und Melissa Kay lässt sich dies im Detail nachlesen.

Das Lied meines Lebens

Ablauf und Wirkung einer solchen Reise sind von Rebillot gut beschrieben worden. Denn ich erlebte meine Tage im Wienerwald genau so. Es war ein großes Abenteuer. Meine „Vision Quest" wurde für mich zum idealen Rahmen, um loszulassen und mit der Natur, dem Weltgeist und meinem Inneren in Verbindung zu treten. Die Anspannung vor und teils auch während dieser Tage war groß. Wie würde ich zurückkommen? Was würde anders sein? Was würde ich anschließend in meinem Leben ändern?

Ich erwartete, dass ich da draußen viel über unser Unternehmen nachdenken würde. Wir hatten gerade ein Angebot von einem führenden internationalen Beratungsunternehmen am Tisch: Wir sollten unsere Firma dort einbringen und als Equity Partner an Bord kommen. Ich überlegte mir, ob ich wohl Ideen zu meinen politischen Fantasien bekäme – da geisterte seit geraumer Zeit der Gedanke einer Parteigründung in mir herum – oder ob mich meine Beziehung und Familie beschäftigen würden. Auch fragte ich mich, ob die Gefahr bestünde, als skurriler Aussteiger heimzukehren. Und daran anschließend: Wie sich das dann mit meinen Rollen als Ehemann, Vater und Unternehmer vertragen würde. Doch es kam ganz anders.

Ich grübelte im Wald weder über das Unternehmen noch über Parteigründungen, Irene oder meine Familie nach. Ich war einfach da. Ich nahm wahr, ich staunte, ich schlief, ich wachte. Nachts hatte ich Angst, mitunter große. Ich sang, ich tanzte, ich betete. Ich machte Ausflüge. Ich lag stundenlang auf dem Boden unter Eichen und spürte das trockene Moos auf meiner Haut. Ich traf auf Tiere und Menschen. Ich sprach mit Bäumen, den Sternen und dem Vollmond. Nach drei Tagen trank ich den ersten Schluck Wasser. Der Verzicht auf feste Nahrung fiel mir über die fünf Tage nicht schwer, weil ich im Fasten Übung hatte. Die dritte Nacht durchwachte ich am Feuer – die Schwelle. Eine Art von Delirium griff um sich. Am vierten Tag stiegen seltsame Bilder in mir hoch. Doch die Gedankenfetzen verloren sich zwischen den Baumwipfeln und Wolken. In der letzten Nacht lag ich im Schutze eines großen Haselbusches in einem heftigen Gewitter. Ich war froh, dass diese Selbsterfahrung nun bald zu Ende sein würde. Es war nass, es war kalt. Das Selbstmitleid wurde groß: „Was mache ich hier draußen?“ Ich wurde mürrisch. Die Erleuchtung hatte mich noch nicht heimgesucht. Aber okay, ein interessantes Erlebnis war es bis hierher allemal, wenn nicht gerade

Regenböen in das provisorische Blätterdach schossen. Am Morgen des letzten Tages saß ich auf einem Felsen in der Sonne, mit Blick auf den Wald und die Stadt. Plötzlich war es da: mein Lied.

> *Du bist ein Gärtner des Lebens, ein divine architect (...)*
> *Kultiviere Formen und Felder sämtlicher Art. Nutze deine*
> *Talente. (...) Suche nicht, finde. Alles kommt zu dir. Sei*
> *aufmerksam, sei wachsam. Entscheide. (...)*

Ich war ergriffen. Ich konnte es kaum fassen. Irgendwie waren das nicht meine Worte. Sie flossen durch meinen Kugelschreiber auf das Papier. Ein Gefühl des uferlosen Glücks durchwallte mich. Erhellung.

Ich habe mein Lied erhalten und es leitet seit damals mein Sein und Tun.

Diese Klarheit kam in der unspektakulären Form von zwei beschriebenen Seiten in meinem Notizbuch und auf einer Ebene, die sich schwer in Worte fassen lässt. Denn es standen hier keine konkreten Handlungsanweisungen für mein unternehmerisches Dasein oder für mich als Ehemann oder Vater. Und dennoch stifteten diese Einsichten so viel Klarheit wie nichts anderes bisher in meinem Erwachsenenleben.

Finde deine Berufung

Mark Twain meinte: „Die zwei wichtigsten Tage in deinem Leben sind der Tag, an dem du geboren wirst, und der Tag, an dem du herausfindest, warum." Auf jeden Menschen warten Lebensaufgaben. Manche sagen Mission dazu, andere Vision, Berufung oder dem Fluss des Lebens folgen. Wir finden diesen Gedanken in vielen archetypischen Erzählungen der Menschheit. Jede

Heldengeschichte ist – meist dramaturgisch überhöht – um die Entdeckung und Erfüllung einer Lebensaufgabe herum gebaut. Wir finden das Konzept der Mission eines Menschen auch in den meisten Religionen und in den Ritualen vieler Urvölker.

Was ist der Ruf der Welt, den du hörst, wenn es still ist?

Ja, ich bin überzeugt: Es gibt ihn – den Ruf des Herzens. Und in ihm spricht der Weltgeist. Es gibt so etwas wie *Berufung*, Lebensaufgaben, die zutiefst mit unserem individuellen Wesen zu tun haben. Wer sein Leben als Reise zu seinem eigenen Wesenskern erfährt und lebt, der wird mit Lebendigkeit gesegnet sein.

„Wo sich deine Talente mit den Bedürfnissen der Welt treffen, dort liegt deine Berufung", meinte schon Aristoteles. Ich halte dies für eine großartige Metapher und möchte ergänzen: Wo dein Wesen, deine Talente und deine Sehnsüchte den Bedürfnissen der Zeit begegnen, dort wirf deinen Anker.

Das Erkennen der persönlichen Berufung – oder deiner Berufung*en*, dazu komme ich später – ist Ausdruck wachsender Weisheit. Doch was ist Weisheit? Gemäß Wikipedia eine „exzeptionelle Kompetenz (…), die sich durch ungewöhnlich tiefe Einsicht in die Kreisläufe des Lebens, besonderes Wissen, eine herausragende ethisch-moralische Grundhaltung und das damit verbundene Handlungsvermögen auszeichnet". Sie bewegt sich „in den Spannungsräumen zwischen Wissen und Intuition, Verstand und Gefühl, Reife und Kindlichkeit, Klugheit und Torheit, weltzugewandter Diesseitigkeit und Transzendenz".

Dilip Jeste und Thomas Meeks von der University of California haben in einer Pionierstudie das Phänomen der Weisheit neurobiologisch erforscht. Obwohl die Definition von Weisheit ziemlich subjektiv sei, filterten sie eine Liste von Komponenten heraus, die nicht fehlen dürfen:

- eine soziale Einstellung, die dazu befähigt, Allgemeinwohl dem Eigenwohl vorzuziehen
- praktisches Verständnis für Mitmenschen
- emotionale Stabilität des Selbst
- die Fähigkeit zur Selbstreflexion
- Sinn für die Relativität von Werten, Meinungen, Bewertungen sowie die Fähigkeit zur Toleranz
- ein wirksamer Umgang mit Ungewissheit

Die persönliche Berufung sollte in diesem Licht also zugleich klar sein *und* beweglich bleiben.

Was auf den ersten Blick widersprüchlich erscheint, erschließt sich bei genauer Betrachtung logisch: Dort, wo sich eine Mission blind verhärtet, wird sie zur stereotypen Obsession. Eine persönliche Mission muss stets im Austausch mit den Dynamiken der Umwelt stehen, sonst verliert sie ihre Bodenhaftung. Unsere eigene Persönlichkeit ist der Resonanzkörper, der die Schwingungen der Welt aufnimmt. Idealerweise kommen wir mit diesen in eine gemeinsame Melodie. Sonst bleiben die Welt und das Ich asynchron, abgespalten. Das führt zur Entfremdung dieser zwei Sphären voneinander.

Der konkrete Weg entsteht im Leben immer im Gehen, selbst wenn man eine klare Vorstellung hat, wohin die Reise zielt. Es gilt, sich mit den Potenzialen zu verbinden, die sich unterwegs zeigen, um so den eigenen Wesenskern und die schöpferische Schaffenskraft voll zu entfalten. Deswegen ist die Schichtung (4), „Form-Geben“, auch so wichtig. Sie kehrt die *Klarheit im Inneren* in äußere Formen. Aber vorerst gilt es in Schichtung (3), sich mit dieser inneren Klarheit, der eigenen Berufung, zu verbinden. Fehlt diese Verbindung, bekommen unsere Formgebungen einen oft zu willkürlichen Charakter. Wir verzetteln uns in Geschäftigkeit oder wir „verkommen“ in Tätigkeiten und Berufsfeldern, die eigentlich nicht unserer Wesenssehnsucht gerecht werden. Beides macht auf Dauer unglücklich und potenziell krank.

Den „Inneren Ort“ begreifen

„Was vor uns liegt und was hinter uns liegt, ist nichts im Vergleich zu dem, was in uns liegt“, sagte der amerikanische Schriftsteller und Philosoph Henry David Thoreau. Diesem Bild schließe ich mich an. Denn mein Lied des Lebens wohnt an einem *Inneren Ort*. Ein Ort, der mich leitet. Bin ich dort klar, dann bin ich in der vollen Kraft. Doch wie kann ich meinen Inneren Ort begreifen? Er ist eine Welt jenseits der Worte.

„Erkenne dich selbst.“ Diese Inschrift war der Überlieferung zufolge am Eingang des Tempels von Delphi angebracht. An diesem mythischen Ort suchten die Menschen via Orakel Klarheit über ihre Zukunft. Offensichtlich verstanden die alten Griechen aber, dass kein Orakel so hilfreich sein konnte wie die Auseinandersetzung mit der eigenen Persönlichkeit. Die Erkenntnis der eigenen Innenwelt sollte als Zugang zur Problemlösung in der Außenwelt dienen. Es ist dies ein Plädoyer für die reifende Persönlichkeit. Wir sind bis ans Lebensende auf dem Weg zu uns selbst. Hoffentlich! Denn natürlich kann ich mich auf meiner Lebensreise auch von meinem Wesenskern wegbewegen. Dies wird mich jedoch in destruktive Gassen führen – von Überheblichkeit über die Entfremdung bis in die Krankheit.

Den eigenen Berufungen nachzuspüren, den Inneren Ort zu begreifen, ist sicherlich eine große Herausforderung. Wie schon beim Loslassen gilt: Die Wege sind so zahlreich wie die Menschen vielfältig. Auch hier gibt es Königswege, wie sie über die Jahrtausende für Millionen von Menschen funktioniert haben: eine

Haltung der Selbstliebe, Stille, Natur, Träume, Meditation, Kunst, Fasten oder tiefgründige Begegnungen. Es gibt keinen mechanischen Prozess, wonach drei wohldosierte Zutaten am Ende des Tages die Berufung liefern. Für manche ist es ein langer Weg, für andere ein eher punktuelles Erlebnis. Einige bekommen ein glasklares Bild, andere nur eine Ahnung. Manche können es in Worte fassen, für andere bleibt es ein Gefühl.

Für den Dreh meiner ersten eigenen TV-Sendung – ein Crossover aus Talk und Reportage – war ich, wie bereits erwähnt, im Frühjahr 2019 für zwei Tage in einem Kloster in Tirol. Um mehr über diese Welt zu erfahren, begleitete ich eine Ordensschwester für 48 Stunden. Es war sehr dicht, persönlich und intim. Schwester Barbara berichtete mir von ihrer Berufung – im Ordenskontext wird exakt dieser Begriff verwendet. In ihrem Fall war es ein Prozess von mehr als zwei Jahren, mit vielen Zweifeln und Anfechtungen. Sie war in einer Beziehung mit einem jungen Mann, der zeitgleich mit ihr um seine Berufung rang und vor der Entscheidung stand, katholischer Priester zu werden. Sie erzählte mir, wie sie einander in ihrem Ringen wechselseitig Beistand leisteten. Insbesondere das Loslassen des Kinderwunsches war für Schwester Barbara eine große Hürde. Ein Auslandsjahr in Südamerika hatte ihr in diesem persönlichen Klärungsprozess ebenso geholfen wie das schrittweise Hineinspüren in das Ordensleben.

Heute ist Schwester Barbara eine Ordensschwester mit Leib und Seele, voller Lebensfreude und Tatkraft. Sie leitet die Seelsorge in ihrem Ordensspital und begleitet dort Menschen in ihrem Sterbeprozess. Ihr damaliger Lebensgefährte wurde übrigens Ehemann und Vater, der sie auch ab und an mit seiner Familie besuchen kommt.

Bei einem Nachmittagskaffee lernte ich eine Mitschwester kennen, die eine ganz andere Geschichte erlebt hatte. Die junge

Schweizerin war auf dem Jakobsweg durch Tirol unterwegs, als sie für zwei Tage in einem Gästehaus ihres späteren Ordens Einkehr machte. Der Gedanke, Ordensschwester zu werden, war ihr komplett fern. Doch dieser Ort berührte sie zutiefst und ließ sie nicht mehr los. Schon in den Tagen danach spürte sie „so etwas wie Heimweh". Und so kehrte sie noch in derselben Woche an diesen Ort zurück. Ihre Berufung war gleichsam eine Eingebung, die sehr rasch große Klarheit und Strahlkraft an ihrem Inneren Ort entfaltete. Die Übersetzung in Entscheidungen und Taten im Äußeren fand bei ihr sodann auch sehr schnell statt.

Berufung auf Kommando?

Unlängst war ich von jungen Journalistinnen und Journalisten zu einem Lesekreis eingeladen. Unser Diskussionsabend widmete sich dem Artikel „How Millennials Became The Burnout Generation" von Anne Helen Petersen. Sie schrieb in „BuzzFeed" diesen international beachteten Beitrag, in dem sie die Hypothese aufstellte, dass ihre Generation im Erschöpfungszustand liege. Als Millennials – auch als Generation Y bekannt – wird jene Generation bezeichnet, die zwischen den frühen 1980er und den späten 1990er-Jahren geboren wurde. Die Autorin beschreibt unter anderem den Druck dieser Generation, in der Fülle der eigenen Leidenschaften einen guten Job in einem coolen Unternehmen zu finden: Also in jenem Endziel anzukommen, auf das eine durchoptimierte Kindheit und Jugend sowie all die Investitionen der Eltern und in die Ausbildung abgestellt haben.

Für mich klang das beim Lesen wie „Berufung auf Kommando". Das halte ich für schwierig bis unmöglich.

Peterson beschreibt dies auch nachvollziehbar als kaum schaffbare, jedenfalls sehr belastende Aufgabe. Dies vor allem auch dann, wenn sich parallel dazu die größte Wirtschafts- und Finanzkrise seit dem Zweiten Weltkrieg durch unsere liberalen Gesellschaften frisst; wenn allerorts das schnelle Geld winkt, sich dieses aber nicht im eigenen Lebenslauf übersetzt; wenn die Arbeitsverdichtung rundum zunimmt und prekäre Arbeitsverhältnisse epidemisch werden; wenn die Digitalisierung um sich greift und ganze Berufsbilder eliminiert. Schon meine Generation drohte im frühen Erwachsenenalter an Materie, Beschleunigung und Verdichtung zu ersticken. Wie soll es der Generation nach uns gehen, für die unsere Multi-Optionen-Gesellschaft der 80er- und 90er-Jahre gleichsam ein Schlafwagen-Erlebnis wäre? Damals klingelte noch kein Smartphone, waren die E-Mails noch rar, wir mussten nicht täglich auf Instagram posen, unser LinkedIn-Profil nicht pimpen, nicht auf Facebook posten und auch keine Snapchat-Ansagen machen. Das Telefonieren war teuer und seltener, Erfindungen wie WhatsApp in weiter Ferne.

Mannigfaltige Bepulsung und Reizüberflutung werden weiter zunehmen. Schon die Generation meiner Kinder wird ein anderes Volumen und Tempo integriert haben als die Millennials. Auch sie werden massiv unter Druck sein. Obwohl wir uns in unserer Integrationsleistung beachtlich entwickeln, kommen wir als Homo sapiens unseren eigenen technologischen Entwicklungen kaum mehr nach. Gerade die Errungenschaften im Bereich der Biowissenschaften und der Künstlichen Intelligenz werden uns in den nächsten Jahrzehnten weiter massiv fordern. Deshalb, so meine in dieser Journalisten-Runde vorgestellte These, müssen wir aufmerksamer an unserer Körperwahrnehmung arbeiten – der Körper ist ein so großartiger Verbündeter gerade in VUKA-Zeiten – und gleichzeitig unseren Inneren Ort entschlossener kultivieren als bisher. Denn in diesen Dingen unterscheiden wir uns von der Künstlichen Intelligenz, hier liegt unsere Stärke. In allen Bereichen jedoch, wo mechanische, lineare und automatisierte Verarbeitung oder Reproduzierbarkeit möglich ist, werden die Maschinen uns in den nächsten Jahren eindeutig überholen.

Machine Learning und Künstliche Intelligenz werden die Roboter in einem Tempo auf die Überholspur schicken, das wir uns heute noch schwer vorstellen können.

„Aber eine Maschine wird nie eine Seele haben. Dieser Unterschied bleibt. Und den gilt es zu kultivieren."

Das war meine Ansage im Kreis dieser jungen Menschen, eine Ansage, auf die jedoch niemand einstieg. Ich merkte, dass ich damit nicht wirklich landen konnte. Als wertschätzende Gastgeber gestanden sie mir zu, dass ich diese Meinung hatte, aber Verbündete zeigten sich keine. Zumindest nicht explizit. Ich war schon drauf und dran, das Thema der Berufung aufzutischen, kam aber zu dem Schluss, dass das zu weit weg war, als dass sie anknüpfen hätten können oder wollen.

Bei Berufung gar von einem Seelenplan zu sprechen, ist bei einem aufgeklärten, wissenschaftsorientierten Publikum mitunter schwierig. Zwar gibt es zunehmend Literatur im Bereich der Lebensberatung, die sich mit dem Thema der Berufung auseinandersetzt, aber sie ist (noch) nicht im Mainstream angekommen. Alle Zweifler und Skeptiker lade ich daher ein, Berufung für ein paar weiterführende Gedanken einfach einmal für möglich zu halten. Sich weniger der Frage „Ist das wahr?" als jener „Ist das hilfreich?" zu widmen. Sich solchermaßen – wenn es sein soll, auch nur vorübergehend – darauf einzulassen. Sie, durchaus in der Tradition der Aufklärung, als Disziplin des Self-Leadership zu deuten. Wir kennen den Themenkreis schließlich aus der Management-Literatur, wo es stark um Fragen der Umsetzung und Performanz geht, wie wir in den Schichtungen (4) und (5) genauer besprechen werden.

Doch Selbstführung beginnt im Inneren. Die Übersetzung ins Äußere ist ein Folgeschritt.

Self-Leadership und Bewährung

Am Rande einer „Fridays for Future"-Veranstaltung – jener Bewegung von Klimaschutzaktivisten, die die junge Schwedin Greta Thunberg ausgelöst hat – kam ich unlängst in eine spannende Diskussion mit einer Frau. Diese war um die 30 Jahre alt und hatte sich über die letzten Jahre meist in prekären Beschäftigungsverhältnissen widergefunden. Aktuell arbeitete sie als Fahrradbotin. Sie erkannte mich als früheren Politiker und fragte, was ich denn nun beruflich machen würde. Ich berichtete unter anderem von meinem Buch, und sie warf die Frage auf, ob eine Neuerfindung mit gut ausgestattetem finanziellen Background nicht leichter von der Hand ginge, als wenn man im ständigen „struggle for life" und im Ringen um die Bezahlung der nächsten Miete gefangen sei. Wir waren uns einig, dass der persönliche Bewegungsspielraum natürlich massiv eingeengt ist, wenn der Alltag vom Existenzkampf dominiert wird. Allerdings – so meine Überzeugung – ist das Model der „High-Five der persönlichen Entfaltung" auch in so einem Fall anwendbar und potenziell hilfreich.

Natürlich haben der sozioökonomische Kontext wie auch der Bildungshintergrund große Auswirkungen auf die Möglichkeitsräume einzelner Menschen in unserer Gesellschaft. Allerdings korreliert die Frage der Berufung und des authentischen Lebens meiner Einschätzung nach nicht mit Geld. Ich habe materiell arme Menschen erlebt, die seelisch reich sind; und auch solche, die seelisch verarmt sind. Umgekehrt erlebe ich manch begüterten Menschen als jämmerlichen Gefangenen in einem goldenen Käfig, unfähig – vor allem aber unwillig – zum Ausbruch in die Freiheit. Ebenso kenne ich reiche Menschen, die voller Seelenwärme sind und in einer, nach meinem Dafürhalten authentischen Berufung leben.

Materieller Reichtum kann zwar auf der Seite der (materiellen) Unsicherheit Abhilfe schaffen, er kann allerdings auf der Seite der Ambivalenz und Komplexität auch Schwierigkeiten mit sich bringen. Ich hatte einmal einen Coaching-Kunden, der in meiner Wahrnehmung wirklich materiell begütert war, sich selbst aber nicht so erlebte. Ganz im Gegenteil war sein Denken und Tun von der Angst vor finanzieller Bedürftigkeit dominiert, obwohl er in einer Beziehung mit einer ebenso gut situierten Partnerin lebte und sie keine Kinder zu versorgen hatten. Er hätte sich gerne einer Tätigkeit gewidmet, von der ihm klar war, dass sie seinem Wesen mehr entsprach als sein aktueller Beruf. Dabei hätte er allerdings einiges an Geld verloren, daher „konnte“ er sich nicht dafür entscheiden. Lieber blieb er ein unglücklicher Manager. Aus Sicht einer Alleinerzieherin mit Mindestlohn mutet das wie ein Luxusproblem an, der Leidensdruck kann jedoch individuell so groß sein, dass diese beiden Personen subjektiv ein gleich hohes Niveau an Druck und Bedrängnis erfahren.

Egal ob Millionär, Friseurin, Tischler, Arzt oder Managerin – wenn wir in Sachen Self-Leadership nicht ein solides Grundniveau erreichen, haben wir es in Zeiten wie diesen schwer. Zu viele Kräfte, Mächte und Dynamiken greifen nach uns, wollen uns definieren und bringen uns in Gefahr, zu ferngesteuerten Kreaturen zu verkommen. Oft merken wir erst sehr spät, dass uns diese Außensteuerung nicht glücklich macht, obwohl doch so viel Wohlstand, Lustgewinn und soziale Anerkennung versprochen wurden.

Um es für uns Kinder (post)moderner Zeiten noch anknüpfbarer zu machen: Ja, es geht auch um *Leistung*. Aber nicht im Sinne turbokapitalistischer Leistungsfixierung, sondern im Sinne von *Bewährung*. Denn alles Leben strebt in die Bewährung.

Am Anfang einer Bewährung steht die Entscheidung, sich bewähren zu wollen, die Absicht, eine Vision zu verfolgen, eine Aufgabe zu erledigen.

Und zwar nicht in der Art, wie es allgemein für richtig gehalten wird, sondern wie es der Entfaltung meines eigenen Wesenskerns entspricht. Ich kann meine Berufswahl nach Gehalt oder Karriereaussichten wählen, oder ich kann es so machen, wie es mir mein Patenkind unlängst am Telefon offenbarte: „Ich habe jetzt noch ein sehr verführerisches Angebot von IBM in der Schweiz bekommen. Da würde ich wohl das Doppelte verdienen. Aber der Bauch sagt mir, dass ich mich für die andere Option entscheiden soll." Ich fand es großartig, dass der Physiker nun im Bauch angekommen war, schließlich keine kurze Reise.

Wer seinem Wesenskern völlig ahnungslos gegenübersteht, wird nur schwer in die Bewährung kommen.

So ist wohl jede Art der Selbsterkenntnis eine Investition in zukünftige Bewährungen. Die wohl gängigste Form, sich der Bewährung zu verweigern, ist es, die Bewährungsprobe einfach nicht wahrzunehmen, so zu tun, als hätte man sie, als hätte man sich nicht bemerkt. Man macht einfach weiter wie immer. Sonst müsste man ja mitunter Altbekanntes, Bequemes oder Liebgewonnenes loslassen. Die Bereitschaft und Entschlossenheit zu einem substanziellen Schritt der Entfaltung des eigenen Wesenskerns fehlt in solchen Fällen. Man entscheidet sich mitunter noch für ein paar Optimierungen in der Tretmühle. Zu mehr reicht es nicht. Oft braucht es zahlreiche Wiederholungen des immer gleichen Musters, bis man einsieht, dass man damit vor seinem eigenen Leben davonläuft. In solchen Fällen droht toxische Leere. Ungelebtes Leben vergiftet!

Zeichne deine Vision

In Coachings komme ich mit meinen Klienten immer wieder an den Punkt, wo solche Lebensherausforderungen plötzlich dominant im Raum stehen. Eine Umgehung der Frage, wohin mich das Leben führen und wohin ich mein Leben leiten will, ist dann nicht mehr möglich. Oft kommen Klienten dabei mit einer gewissen Unzufriedenheit über die Arbeitsbedingungen in das Coaching. Manche mit dem latenten oder offenen Wunsch nach einem Jobwechsel. Für andere wiederum ist es diffuser, aber sie spüren, sie wollen nicht wie bisher weitermachen.

Wir beginnen dann, der eigenen Berufung nachzuspüren.

Einige konkrete Ansätze und Methoden dazu möchte ich hier ausführen – auch als Einladung mitzumachen und sich in der Umsetzung jenem Zugang zu widmen, der einem persönlich am nächsten liegt oder am stimmigsten erscheint.

Gelegentlich lade ich Coaching-Kunden dazu ein, bis zu unserem nächsten Treffen ihre Vision von einem glücklichen Leben in fünf oder sieben Jahren zu zeichnen oder zu malen. Sie sollen wahrnehmen, wohin ihr Herz zieht und damit der eigenen Berufung nachspüren.

Da ich diese Methode schon seit einigen Jahren angewandt hatte, wagte ich auch zweimal den Selbstversuch. „Wenn es bei Coaching-Kunden hilfreich ist, warum sollte es nicht auch mir selbst helfen“, dachte ich, als ich vor nun schon fast 20 Jahren im Rahmen einer Brüssel-Exkursion etwas deprimiert auf den hinteren Sesseln des Plenarsaals des Europäischen Parlaments saß. Irgendwie hatte ich gerade einen kleinen Durchhänger, mein Leben fühlte sich etwas lustlos an. Wohin die Reise mit mir gehen sollte, war für mich nicht greifbar.

So wechselte ich über den Hinterausgang des mächtigen Gebäudekomplexes auf den Place du Luxembourg und suchte mir ein nettes Café. Dort bestellte ich ein kleines Bier und zückte ein leeres Blatt Papier und einen Stift. 20 Minuten später war mein Kunstwerk vollendet. Ich war damals über das Ergebnis meines Zeichnens einigermaßen verwundert, denn es zeigte zwei spielende Kinder, einen umzäunten Garten, Bäume, ein Haus, einen Family Van, im Hintergrund die Hochhäuser einer Großstadt. „Ich habe also tatsächlich einen Gartenzaun gezeichnet?" Damals fand ich derlei Einrichtungen ziemlich spießig, Familienkutschen etwas abartig, von Frau, Haus und Bäumen war in meinem aktuellen Leben nichts zu sehen. Ich war ein Jungunternehmer und arbeitete exzentrische 70 Stunden die Woche. Der Rest war Party.

Natürlich habe ich die Zeichnung aufbewahrt. Am Kopfende meines Schreibtisches befindet sich ein Stapel an Unterlagen und Notizen, die ich gelegentlich sortiere, um wichtige Dinge nicht zu übersehen. Dort begrüßt mich immer auch mein Zukunftsgemälde von Anfang der Nullerjahre. Bei jeder Begegnung ist es mir eine Freude. Ich schaue mit einem zufriedenen Lächeln darauf. Denn bereits acht Jahre später sah ich darin ein Abbild meines aktuellen Lebens. Ein drittes Kind kam noch hinzu, ansonsten hatte sich diese Zeichnung vollumfänglich den Weg in mein Leben gebahnt.

Hätte ich die Frage, wie mein Leben in sieben Jahren ausschauen würde, damals verbal beantworten müssen, so hätte ich sicherlich keine Worte gefunden, um der späteren Wirklichkeit gerecht zu werden. Das hätte ich nicht zugelassen, mir nicht zugestanden. Aber durch hemmungsloses Zeichnen konnte ich den Download aus Bauch und Herzen offensichtlich aktivieren. Ich konnte meinen Inneren Ort greifen, die Sehnsucht meiner Seele in Bilder fassen. „Freaky“, denke ich mir heute noch manchmal.

Einige Jahre später malte ich dann nochmals, in einer Phase, als ich unternehmerisch nach Orientierung rang. Auch diese Zeichnung schaue ich mir gelegentlich an. Die private Dachterrasse ist noch nicht in die Welt gekommen. Aber das Parlament war da bereits sichtbar, geschlagene drei Jahre, bevor es in meinen Lebenslauf trat.

An meinem Inneren Ort wusste ich, dass das passieren sollte und würde.

Als ich diese Szene in unserem Buch „Die vierte Kränkung“ im Jahr 2012 beschrieb, waren wir gerade dabei, eine politische Bewegung zu gründen. Zu dem Zeitpunkt, als wir das Buchmanuskript abgaben, war unsere neue politische Bewegung in Umfragen noch gar nicht messbar. Sämtliche Experten, Journalisten und Mitbewerber gaben uns keine Chance auf einen Parlamentseinzug. Sie hielten unser Vorhaben für illusorisch und naiv. In unserem Buch lese ich: „Der Innere Ort, von dem aus ich die Intervention führe, der ist klar. Sehr klar. (…) Ich höre auf die Stimme meines Herzens.“

Liebesbriefe an sich selbst

Wie wir die großen Lebensfragen spüren, ist mitunter auch altersabhängig. In der Tendenz ist es so, dass uns in der ersten Hälfte des Lebens stärker die Frage „Was will ich vom Leben?“ treibt, während in der zweiten Lebenshälfte die Frage „Was will das Leben von mir?“ an Bedeutung gewinnt. Ersteres erfordert den Mut und die Entschlossenheit, seine Stimme zu erheben und für seine Ziele zu kämpfen. Letzteres die Bereitschaft, genau hinzuhören, loszulassen und in Neufindung zu gehen.

So erlebe ich immer wieder, dass Menschen um die 40 bei mir auftauchen und genau dieses „Umschlagen" in den Lebensfragen spüren. Fragestellungen wie „War das nun alles? Will ich die nächsten Jahrzehnte so weiter machen?" beschäftigen sie. Oft haben sie schon viel erreicht, beachtliche Karriereetappen hinter sich und auch verführerische Karrierestufen vor sich. Das Ego ist mitunter in den Bereichen materielle Versorgung und gesellschaftliche Anerkennung gut bedient. Dennoch sind sie sich nicht sicher, ob sie ihre Lebenszeit und ihre Energien weiter auf dieselben Dinge und Tätigkeiten fokussieren wollen wie bisher. Sie wollen Freiheit, sie wollen Reifung, sie wollen sich stärker ihrem ureigensten Wesen zuwenden. Wir widmen uns dann gemeinsam Fragen wie diesen:

- Was macht mich aus? Was ist mein Wesenskern? Wo liegt meine Größe?
- Was sind meinte Talente?
- Was bedeutet für mich Reichtum?
- Wo spüre ich am meisten Lebendigkeit und Leidenschaft?
- Was kann und will ich entfalten, um noch lebendiger zu sein?
- Was ist die höchste Version von mir selbst?
- Worauf und auf wen muss und will ich antworten?
- Was will ich der Welt geben?

Diese Fragen sind gute Sparring-Partner in unterschiedlichsten Lebenssituationen. Der Wunsch und Wille, im eigenen Leben eine „Kalibrierung" oder gar eine persönliche Wende zu vollziehen, kann aus verschiedenen Umständen entstehen. Sei es, dass die Ausbildungsjahre abgeschlossen sind, eine Partnerschaft oder Berufsetappe zu ihrem Ende gekommen ist oder ein gravierender medizinischer Befund uns zum Innehalten mahnt.

Eine Weiche, die auf jeden von uns wartet, dem die Lebensjahre dazu geschenkt sind, ist der Pensionseintritt. Mit dem Übergang zum Rentnerdasein, wo man einen jahrzehntelangen Lebensabschnitt – die Erwerbsarbeit und damit oft auch die berufliche Identität – hinter sich lässt, geht ein großer Freiraum auf. Für manche wird dieser zum traurigen und bedrückenden Vakuum, andere gehen freudvoll daran, diesen Raum zu füllen. Meine Hypothese dazu: Je mehr sie dabei von ihrer Herzensenergie, von ihrem Inneren Ort geführt werden, umso glücklicher wird diese neue Etappe des Lebens werden. Ich bin immer wieder berührt, wie liebevoll Pensionistinnen und Pensionisten sich nun auch um sich selbst kümmern. Sie machen sich frei von Erwartungen anderer und lassen Fremdbestimmungen sehr bewusst los. Sie nutzen den frei gewordenen Raum für mehr Selbstfürsorge. Oft fordert dies auch der Körper ein, erfahren wir doch im fortschreitenden Alter unsere (körperliche) Verletzlichkeit stärker. Idealerweise öffnet uns das auch für mehr Selbstliebe.

Manchmal lade ich Freunde oder Kunden ein, einen Liebesbrief an sich selbst zu schreiben.

Ich empfehle, diesen verschlossen seinem Partner oder einem Freund zu geben, mit der Bitte, ihn erst in ein paar Wochen oder Monaten zuzuschicken. Freilich kann ich den Brief – versehen mit einem Öffnungsdatum – auch persönlich auf die Seite legen. Diese Grüße an sich selbst dann etwas später zu lesen, ist für viele ein berührender Akt. Die meisten Menschen bemerken, dass die niedergeschriebenen Botschaften im Zeitraum zwischen Schreiben und Lesen bereits gearbeitet und Wirkung entfaltet haben.

Dem Tod begegnen

In manchen Fällen gehen wir in Coachings noch einen Schritt weiter und besuchen die persönliche Todesstunde. Ich plane dazu gerade auch eine Fernsehsendung mit dem Titel „Der Tod als der beste Coach des Lebens". Bei einem solchen Coaching setzt sich mein Gegenüber dann geistig auf sein eigenes Sterbebett und schlüpft in seinen Körper als Sterbender. Diese Situationstrance ist sehr mächtig. Sie kann auch gut individuell oder als Partnerübung ohne professionelle Begleitung vorgenommen werden. Dann beginnen wir damit, Antworten zu finden:

- Habe ich mein Lied des Lebens gesungen?
- Was ist mir wichtig in meinem Abschied?
- Was war mir wichtig in meinem Leben?
- Was waren meine handlungsleitenden Werte?
- Habe ich so gelebt, dass ich mir und den anderen gerecht wurde?
- Was bereue ich, was finde ich großartig?

Wichtig ist, für diese Konfrontation mit dem eigenen irdischen Ende einen geschützten Rahmen zu wählen. Es braucht ausreichend Zeit und Ruhe. Zwischen Tür und Angel kommt man hier nicht in die Tiefe. Wenn man diese Situation mit Ernsthaftigkeit angeht, wird man erkennen, dass der Tod ein großartiger Coach ist. Er flüstert uns unaufhörlich ins Ohr: „Das Leben ist zu kurz für später." Nichts sortiert die Prioritäten unserer Lebensführung schneller und besser als die Erfahrung der eigenen Vergänglichkeit. Was würdest du heute und in den nächsten Wochen tun, wenn du nur noch ein Jahr zu leben hättest? Und was hält dich davon ab, genau das zu machen?

Eine Variante zum Besuch der eigenen Sterbestunde ist auch das Verfassen der eigenen Grabesrede. Wir begeben uns damit in Situationstrance zur Stunde unseres Begräbnisses. Was wäre eine Rede an deinem Grab, die dir stimmig erscheint? Welche Inschrift soll auf deinem Grabstein stehen, um deinem Wesen in wenigen Worten gerecht zu werden? Das sind wunderbare Fragen, um sie mit an den Strand, auf den Berg oder in den Wald zu nehmen. Es braucht Mut, sich ihnen wirklich ernsthaft zu stellen und tatsächlich explizit zu werden. Es schafft aber auch Klarheit. Große Klarheit.

Trump-Syndrom und Jonas-Komplex

Die eigene Berufung zu finden, ist natürlich so etwas wie ein Initiierungsprozess. Alle alten Kulturen hatten und haben Initiierungsrituale, um den Eintritt in den Kreis der (erwachsenen) Gemeinschaft zu markieren und zu unterstützen. Als postmoderne Gesellschaften sind wir darin arm geworden. Das ist schade und auch gefährlich. Denn gerade junge Menschen wollen die Hitze ihrer eigenen Seele spüren. Sie wollen ihren Platz und Auftrag in der Welt verstehen und leben.

Ein afrikanisches Sprichwort sagt: „Wenn wir nicht unsere jungen Männer initiieren, dann werden sie unser Dorf niederbrennen, nur um die Hitze zu spüren.“ Der Eintritt von zigtausenden jungen Männern aus Europa in den Islamischen Staat und damit in den „heiligen Krieg“ scheint ein beredtes Zeugnis darüber abzulegen, dass diese afrikanische Einsicht globale Geltung hat. Wenn die Menschen – vor allem in ihren Sturm-und-Drang-Zeiten – nicht die Fackel ihres eigenen Wesens tragen können, dann besteht die Gefahr, dass sich ihre Kraft gegen sie selbst und die Gesellschaft richtet. Der Blick auf die Welt lässt erkennen, dass wohl zu viele Männer zwar den starken Mann mimen, wahrscheinlich aber nicht initiiert sind. In erwachsenen Körpern bringen sie mit ihren kindlichen Aggressionen Leid und Unheil in die Welt.

Die Dynamiken wirken, so meine Wahrnehmung, bei Frauen etwas anders, wiewohl ihre Sehnsucht nach dem richtigen Leben sicherlich genauso groß ist wie bei Männern. Oft erkenne ich bei Frauen eine bessere Körperwahrnehmung (natürlich wird es genügend Frauen geben, die mindestens so körperignorant sind wie der durchschnittliche Mann; umgekehrt kenne ich selbstverständlich Männer, deren Körperbewusstsein sehr hoch ist). Dieser Kanal ermöglicht ihnen mitunter besser, die eigene Innenwelt wahrzunehmen und den eigenen Gefühlen Audienz zu gewähren. Doch auch für Frauen ist der „Check-in bei sich selbst", wollen sie ihn gut beherrschen, eine große Herausforderung und Übungssache. Uns allen verlangt ein gutes Körperbewusstsein eine jahrelange und laufende Kultivierungsarbeit ab.

Einen weiteren Unterschied zwischen Frauen und Männern möchte ich in diesem Kontext noch hervorheben: Während ich Männer für gefährdeter halte, Ersatzinszenierungen eigener Größe aufzusitzen – ich würde es „Trump-Syndrom" nennen –, halte ich Frauen für tendenziell anfälliger für den „Jonas-Komplex", die Angst vor der eigenen Größe.

Gerade lese ich im Magazin „Welt der Frau" ein Interview mit der Theologin, Seelsorgerin und Ordensfrau Melanie Wolfers: „Für Frauen ist es schwierig, in die eigene Größe hineinzufinden und sie zu leben. Eigene Ideen klar und deutlich zu vertreten, sich selbstbewusst zu Wort zu melden. Das beißt sich ganz schnell mit den ungeschriebenen Regeln – denen viele auf einer bewussten Ebene nicht zustimmen würden –, dass eine Frau freundlich, häuslich, nett, mütterlich, zuvorkommend und zurückhaltend zu sein hat und sich um ihr Aussehen kümmern soll. Wenn sie dann noch Zeit hat, kann sie ihre Gaben einbringen und ihre Ideen verwirklichen. Doch es geht darum, das eigene Licht leuchten zu lassen, sich nicht klein zu machen, etwa aus Angst, geltungssüchtig zu wirken." Solche Befürchtungen, so Wolfers, münden leider oft auch in dem Gedanken: „Wenn ich im Einklang mit meiner Stärke lebe, gefährde ich Beziehungen." Wolfers wirbt dafür, sich unter anderem mit der eigenen Verletzlichkeit zu versöhnen. „Verletzlichkeit ist das große Wagnis unseres Lebens." Sie regt dazu an, den Inneren Ort aufzuspüren und sich mit der Essenz zu verbinden: „Ich lebe nicht allein aus meinen eigenen Kräften, sondern schöpfe aus einer Quelle, die mir innerlicher ist, als ich mir selbst es bin." Sie stiftet dazu an, zu vertrauen und mutig zu sein: „Vertrauen fällt nicht vom Himmel, sondern entsteht in dem Maß, in dem ich es wage, jemandem Vertrauen zu schenken. Vertrauen ist das Ergebnis von riskierter Verletzlichkeit! Aber nur dadurch entsteht Nähe." Wer mutig ist, ist schlussendlich auch frei, sich auf etwas einzulassen, dessen Ausgang offen ist. „Ich setze mich für etwas ein, das ich als richtig erkannt habe, und bin bereit, auch gegen den Strom zu schwimmen. Ein solches Handeln schafft oft Freiraum für andere oder sich selbst."

Mit meiner Berufung zum TÜV

Egal ob Frau oder Mann – die biblische Figur des Jonas kann uns dabei unterstützen, die eigenen Talente zu nutzen und vor der eigenen Größe und Berufung nicht davonzulaufen. Denn der Jonas-Komplex ist nach dem Biblischen Buch des Propheten Jona im Alten Testament benannt: Jona war ein talentierter Redner und erhielt von Gott den Auftrag, die Bürger der Stadt Ninive wieder auf den rechten Weg zu führen. Doch Jona wollte sich dieser Mission entziehen und gab vor, dafür nicht gut genug kommunizieren zu können. Er flüchtete auf ein Schiff, welches in einen mächtigen Sturm geriet. Jona wusste, dass Gott diesen Sturm seinetwegen entfacht hatte. Er verkroch sich, doch die Mannschaft fand ihn und warf ihn über Bord. Da kam ein riesiger Fisch und verschlang ihn. Drei Tage später spuckte er ihn wieder aus. Gott wiederholte seinen Auftrag an Jona, und nun folgte er diesem göttlichen Ruf. Jona predigte so bewegend und so gut, dass die gesamte Stadt sich zur Umkehr entschied.

Davonlaufen nützt also nichts. Die Berufung wartet. Die Welt möchte, dass du wirksam wirst!

Vielleicht ist es nicht unsere größte Angst, unzulänglich zu sein, sondern über die Maßen machtvoll zu sein? Wir erschrecken nicht nur vor der Dunkelheit, sondern auch vor dem eigenen Licht. Hier sollten wir uns die Frage stellen: Wer bin ich denn, dass ich es *nicht* sein sollte?

Dieser Frage sollten wir uns immer wieder widmen. Denn Berufung ist nie abgeschlossen. Es ist auch nicht so, dass sie völlig unverändert bleibt. Sie wächst mit dem Leben. Hat man die eigene Berufung gefasst, so gilt es, sie auch regelmäßig zu prüfen. So wie wir jährlich mit dem Auto zur technischen Überprüfung fahren, so sollten wir auch ein gelegentliches „Berufungs-Service“ einlegen. Wir wachsen, die Welt dreht sich weiter, die Umstände verändern sich. Es lohnt sich also ein Besuch bei sich selbst. Oder, wie es der deutsche Komiker, Volkssänger und Autor Karl Valentin einst auf den Punkt brachte: „Heute besuche ich mich. Hoffentlich bin ich daheim.“

Manchmal bringt ein solches Check-in keine Veränderung. Während meiner Ayurveda-Wochen in Indien war ich bei einem Wahrsager sowie bei einer Vedischen Astrologin und Pranischen Heilerin. Das brachte interessante Erfahrungen, aber auch die Erkenntnis, dass mein Innerer Ort in großer Klarheit ruht. Gut zwei Monate davor war da jedoch ordentlich Bewegung hineingekommen. Denn ein Monat nach dem Ausstieg aus dem Parlament war ich auf einen Retreat im Helenental im Süden Wiens eingeladen. Erstaunlicherweise exakt ins selbe Seminarhotel, in dem sich knapp sieben Jahre zuvor die Gründungsrunde für unsere politische Bewegung zur ersten Klausur getroffen hatte. „Ein Wink des Himmels!“, freute ich mich während meiner Anfahrt.

Während dieses Retreats arbeiteten wir uns vier Tage in die Tiefenschichten unseres Wesens hinein. Bei einem Feuerritual verabschiedeten wir uns von Glaubenssätzen und Mustern, die wir loslassen wollten. Ich hörte mich sagen: „Ich verabschiede mich davon, etwas erreichen zu müssen, zu beeindrucken, zu gefallen. Und ich verabschiede mich vom Glauben, dass ich *kein* divine architect und spiritueller Führer sein soll.“

Ich hatte mir meine Sätze als Notizen vorbereitet. Doch da stand nichts von divine architect und spirituellem Führer. Dieser Satz kam als Eingebung im rituellen Gang um das Feuer ganz spontan. Plötzlich erinnerte ich mich an mein „Lied des Lebens“. Ja, dort war vom „Gärtner des Lebens“ die Rede. Dieser war und bin ich über all die Jahre. Doch in meinem Lied ist auch die Rede vom „divine architect“. Was für ein Wort!? Ich hatte es noch nie gehört, außer in jenem Traum, den ich einige Tage vor meiner „Vision Quest“ im Urlaub am Neusiedlersee gehabt hatte. Die detaillierte Abschrift dieses Traums las ich gelegentlich, da ich ebenfalls in meiner Ablage wiederkehrend auf sie treffe. Der weißgewandete Mann in diesem Traum stellt sich als „divine architect“ vor. Aber das war doch nicht ich! Und nur, weil es im Lied des Lebens stand? Ich fühlte mich im ersten Moment etwas beklemmt, begann aber rasch zu verstehen. Offensichtlich hatte ich mir in den letzten Jahren nicht zugestanden, diesen Auftrag explizit zu leben. Manchmal schaute dieser Ruf ums Eck, aber meistens bin ich vor ihm davongelaufen. Ich war noch nicht reif dafür gewesen. Nun aber schien die Zeit dafür gekommen zu sein.

Am letzten Morgen dieses Retreats gingen wir schon in aller Früh auf einen „Medicine Walk“ – eine „Vision Quest“ im Kleinen. Jede und jeder von uns war für ein paar Stunden allein im Wald unterwegs. Ich stieg die Bergflanken hoch, sprach mit den Bäumen und Sträuchern, traf auf anmutige Gämsen, die recht tief in Talnähe waren, und sinnierte über meine Berufung. Dabei erfuhr ich viel Bestätigung. Als Praxis, die mich in meiner aktualisierten Berufung stärken sollte, nahm ich von diesen vier Tagen eine tägliche Meditation auf die „Schönheit und Anmut der Schöpfung“ mit. Obgleich mir für solche täglichen Rituale meist die Konsequenz fehlt, bewies ich in diesem Fall ganze sechs Wochen lang lustvolle Ausdauer. Ich meditierte auf die duftenden Winterschneeballblüten im Garten unserer Nachbarn, auf den Fuß meiner Tochter, auf das anmutige Gezwitscher eines Vogels, auf das Blinzeln der Morgensonne, auf das Treiben der Wolken. Es dauerte meist nur eine Minute und gab mir Lebendigkeit, Kraft und Freude. Nach einem Monat hatte ich diese Form der Wahrnehmung in mein allgemeines Bewusstsein integriert.

Wenn Zweifel kommen

In den Folgemonaten und beim Schreiben dieses Buches diskutierte ich mit Freunden und Bekannten immer wieder über das Konzept der Berufung. Ich spürte, dass dies bei etlichen Menschen eine Ambivalenz auslöst. Einige können damit wenig anfangen, manche empfinden es als geradezu abstoßend. Es macht ihnen zu viel Druck: Hat wirklich jeder eine Berufung? Wie klar muss diese sein? Was, wenn ich sie nicht finde? Was, wenn ich mich irre?

Wichtig erscheint mir, hier jeglichen Druck herauszunehmen. Berufung auf Kommando geht eben nicht. Jenes zwanghafte Analysieren, das von einem übersteigerten Ego getrieben wird, führt uns eher von uns weg – in eine Erkenntnissucht. Für wahres Erkennen und Begreifen ist es essenziell, das eitle Ego mit seinem ganzen kulturellen und inszenierten Wust zusammenbrechen zu lassen.

Aber auch alle, die so etwas wie Berufung gefunden haben, werden *Zweifel* kennen. Schwester Barbara im Kloster berichtete mir, dass sie immer wieder um ihre Berufung ringen müsse. Jene, die verheiratet oder in einer langjährigen Partnerschaft leben, können ihr das sicherlich gut nachempfinden. Wir sind freie Menschen. Wir müssen uns immer wieder für unsere Bindungen entscheiden – so auch für unsere Berufung. Zudem kann sich diese wandeln, und sie kann auch erlöschen. Dann wird über die Zeit ein anderer Ruf an ihre Stelle treten.

Wichtig ist es auch zu begreifen, dass die Berufung eine innere Qualität hat, die zwar in unserem Empfinden klar und unmissverständlich sein mag, die aber die Frage nach der äußeren Übersetzung oft offenlässt. Das schauen wir uns in Kürze in Schichtung (4) genauer an. „Was ist ein Gärtner des Lebens? Und vor allem: Was tut er?", fragte ich mich vor Jahren. Nach einigem Hinspüren und Überlegen wurde mir klar, dass ich als solcher eben soziale Felder kultivieren sollte. Und davon abgeleitet empfinde ich mich tatsächlich in meiner Berufung, egal ob als Ehemann, Vater, Unternehmer, Organisationsentwickler, Coach, Parteigründer, TV-Schaffender oder Buchautor. Ich mache nicht immer dasselbe, aber ich tue immer das gleiche: Ich kultiviere soziale Felder, ich begleite beim Wachsen und Entfalten. Die konkrete Ausprägung hat verschiedene Gesichter, der Ruf bleibt unverändert. Ich nenne das „Klarheit in der Meta-Berufung".

Meta-Berufung: Heimat, Inspiration und Entlastung

Dieses Konzept der *Meta-Berufung* habe ich in den letzten Monaten in der Beobachtung meiner Selbstfindung entwickelt. Im Austausch mit anderen Menschen erkenne ich, dass es sehr hilfreich sein kann.

Denn die Meta-Berufung hat die Kraft, als übergeordnete Klarheit mehrere Berufungen zu integrieren.

So sind etwa meine Rollen als Vater und Parteigründer zwei meiner Berufungen. Sie waren über Jahre mitunter zwar zeitlich in Konkurrenz, aber eben nicht grundsätzlich. Vielmehr begann ich zu verstehen: Im Grundsätzlichen sind sie Geschwister. Denn sie leiten sich beide aus meiner Meta-Berufung „Gärtner des Lebens“ ab.

„Hey, du musst Bildungsminister werden! Das ist deine Berufung.“ Das schrieb mir im Mai 2019 nach der Bekanntmachung von Neuwahlen in Österreich – kurz vor Abgabe meines Buchmanuskripts – eine mir unbekannte Person via E-Mail. Auf Twitter, Facebook, Instagram und LinkedIn kamen plötzlich hunderte solche Zurufe. Das berührte mich, begann aber auch, etwas Druck zu machen: Ich war doch gerade erst, dem Ruf meines Herzens folgend, aus einer politischen Führungsfunktion ausgestiegen. Ich hatte keinerlei Absichten, in den nächsten Jahren in die Spitzenpolitik zurückzukehren. Das war das Übereinkommen, das ich mit Irene hatte. Zudem war meine (berufliche) Neuerfindung schon weit fortgeschritten und erfüllte mich mit Sinn und Freude. Doch spätestens mit diesem E-Mail spürte ich, dass in meinem Inneren eine gründliche Prüfung dieser „Option“ anlief. Sollte es wirklich ein Fall von Berufung sein? Die Zukunft wird es weisen. Ungeachtet der Frage, ob es in den nächsten Monaten tatsächlich zu einer solchen Entscheidungssituation kommen wird, würde ich mich mit einem Regierungsamt nur verbinden, wenn ich vollends davon überzeugt bin, dass es im gegebenen Kontext auch meiner Meta-Berufung entspricht. Als Ehemann und Vater sowie als Autor, TV-Schaffender und neuerdings auch Start-up-Unternehmer gälte es zudem, diese Option mit meinen anderen Berufungen sowie den Lebensplänen meiner Frau abzustimmen.

Irene hat sich über etliche Jahre prioritär ihrer Rolle als Mutter gewidmet. Sie erlebte das als die große Berufung ihres bisherigen Lebens. Unendlich schön und uferlos kräftezehrend zugleich. In den letzten Jahren erwachte eine weitere Sehnsucht in ihrer Seele: die Kunst. Ihr wurde klar, dass sie nicht in ihre früheren Berufe als Stadtplanerin oder Marketingverantwortliche für ein Hightech-Produkt zurückgehen wollte. Sie würde sich nun als Malerin dem Auf- und Ausbau ihres Ateliers widmen. Neben Vereinbarkeitsthemen mit meiner zeitlichen Belastung als Spitzenpolitiker stand vor allem die Frage im Raum, wie sich diese zwei Berufungen – Mutter und Malerin – verbinden lassen. Heißt das Beschleunigen des einen Rufs, die andere Berufung abzulegen? Ihre inneren Konflikte waren beachtlich.

Wir führten dazu immer wieder Gespräche und kamen zu folgendem Punkt: Wäre es nicht entlastend zu wissen, dass über diesen zwei Herzenswünschen möglicherweise eine Meta-Berufung liegt, die beide Ausprägungen nährt? Dieser Gedanke entspannte sie gewaltig. Das Finden der Meta-Berufung verfolgt sie nun mit Gelassenheit. Allein die Idee, dass es so sein könnte, öffnete neue Kanäle und brachte ihr Kraft und Freude. Auch die Aussicht, dass sich über die Zeit weitere stimmige Felder der Berufung dazugesellen könnten, empfand sie als große Inspiration und Erleichterung.

Ein Freund von mir wechselte unlängst von der Geschäftsführung einer Parteiakademie in Österreich in die Leitung eines

Institutes für politische Innovation in Deutschland. Seine Neufindung war für ihn mit Anfechtungen und Zweifeln verbunden, wie wir es wohl alle bei beruflichen Umorientierungen erleben. Wir kannten uns schon seit über 20 Jahren. Damals baute er mit einem Kollegen ein Trainings- und Coaching-Institut für Studierende auf. Danach war er bei der Royal Society of Arts in London. „Du machst eigentlich auch immer das gleiche“, lachte ich, als wir uns über seine neue Berufsetappe unterhielten. Zuerst war er kurz irritiert. Als ich ihm aber das Konzept der Meta-Berufung schilderte, nickte er. Am nächsten Tag bekam ich ein E-Mail, in der er meinte: „Einverstanden. Nicht immer dasselbe, aber das gleiche. Meine Meta-Berufung habe ich für mich so formuliert: international creator of innovation ecosystems.“ Also das Schaffen von innovativen Ökosystemen auf internationaler Ebene. Das ist ein klarer Rahmen. Diesen auch zu begreifen, hilft ihm sicherlich sowohl in seinen aktuellen Formgebungen – vergleiche Schichtung (4), in der wir nun gleich ankommen werden – wie auch bei seiner nächsten Neufindung, selbst wenn diese vielleicht erst in etlichen Jahren akut wird.

Sinn finden und trainieren

Es gibt keinen größeren Experten für dein Leben als dich selbst. Keiner kann dein Leben so durchdringen und effektiv gestalten wie du. Auch wenn das Konzept der Berufung für manche zu abstrakt, zu überhöht oder – aus welchen Gründen auch immer – zu weit weg erscheint: von der Aufgabe, das eigene Leben zu führen, ist kein freier, gesunder, erwachsener Mensch entbunden.

Es muss sich dabei auch nicht immer um die große Mission oder die strahlende Vision drehen. Oftmals geht es – wie Viktor Frankl meinte – einfach nur um den Sinn des Augenblicks. Hier und jetzt. Was ist jetzt gerade das Sinnvollste für mich und für die anderen Beteiligten? Im Dienst an einer Sache oder in der Liebe zu einer Person erfüllt der Mensch sich selbst. Je mehr wir aufgehen in unserer Aufgabe und Hingabe, umso mehr werden wir Mensch, umso mehr werden wir *wir selbst*. „Was der Mensch wirklich will, ist letzten Endes nicht das Glücklichsein, sondern ein Grund zum Glücklichsein", sagte Frankl. Glück und Zufriedenheit im Leben könne man nicht direkt anstreben. Sie ergäben sich als Folge eines sinnorientierten Lebens. Das liegt jeden Tag in unserer Hand.

Der Sinn nährt sich von unserem Inneren Ort. Und es gilt, den ganz persönlichen Zugang zu diesem zu finden und zu kultivieren. Auf jede und jeden von uns warten Berufungen, Aufgaben, Sendungen, Sinnsetzungen. Sie zu erkennen, kann man trainieren. Das ist wie beim Sport – wer Muskeln haben will, braucht Training. Dafür braucht es ein Wollen und den Glauben daran, dass es möglich und sinnvoll ist. „Ja, es ist möglich, das eigene Leben zu einem Kunstwerk der Freude zu formen (…) seine tiefsten Herzenswünsche als Erfahrung zu erleben", schrieb Rainer Maria Rilke. Ja, es ist möglich.

Über das Begreifen und Hervorbringen

(4) Wie ich FORM GEBE

In dieser vierten Schichtung unserer „High-Five der persönlichen Entfaltung“ geht es nun um das Manifestieren der inneren Klarheit in der äußeren Welt. Es geht darum, Berufung zu „be-greifen“ und sie in ein „Hervorbringen“ zu übersetzen. Der Innere Ort ist dabei der zentrale Kern, aus dem sich äußere Formen entwickeln. Im lebensweltlichen Form-Geben werden wir umso kraftvoller sein, je klarerer dieser Innere Ort ist.

Auch bei der praktischen Umsetzung der Berufung empfiehlt es sich, die Sinne zu schärfen, sowohl in sich hineinzuhören als auch aufmerksam die Welt wahrzunehmen. Auf dieser Basis gehen wir ins Tun. Dieses Tun wiederum öffnet und aktiviert Ressourcen für weitere Handlungen und eine proaktive Lebensgestaltung. Vom amerikanischen Schriftsteller und Philosophen Henry David Thoreau haben wir schon Folgendes gehört: „Was vor uns liegt und was hinter uns liegt, ist nichts im Vergleich zu dem, was in uns liegt.“ Ganz in der Logik des Übergangs von Schichtung (3) auf (4) setzt er fort: „Und wenn wir das, was in uns liegt, nach außen in die Welt tragen, geschehen Wunder.“

FEEDFORWARD – „VON DER ZUKUNFT HER FÜHREN“

Der große persische Sufi-Mystiker und Dichter Rumi meinte: „Dein Herz kennt den Weg. Laufe in diese Richtung.“ Tatsächlich ist, trotz Ahnung und Idee, im Kopf oft noch etwas unklar, was und wie man konkret tun will oder soll. Kann und soll man trotzdem beginnen? Jawohl! Es geht um ein Kristallisieren, um ein Ausprobieren. Das Neue wird erkundet, noch ohne es in der Praxis vollends zu institutionalisieren. Die Formgebung wächst im Gehen. Die Intuition leitet uns. Ahnungen werden zu Gedanken, Gedanken zu Konzepten, Konzepte zu Taten. Es ist ein Ertasten der Zukunft im Sinne von „Trial and Error“ – ein experimentelles Erproben: Es ist noch kein Meister vom Himmel gefallen.

Es hat noch niemand sein neues Tätigsein mit Vollendung begonnen.

„Prototyping“ nennt das die Start-up-Szene, die einiges von dieser hier geschilderten Logik integriert hat: Am Inneren Ort Schwung holen und dann munter loslegen. Kevin Systrom und Mike Krieger, die beiden Gründer der Social-Media-Plattform Instagram, geben hier ein interessantes Fallbeispiel ab. Als sie im Herbst 2018 ihre Führungsfunktionen zurücklegten und aus dem Unternehmen ausschieden, wurden sie von Journalisten gefragt, was sie nun machen würden. Sie sagten: „Wir planen, uns einige Zeit rauszunehmen, um unsere Neugierde und Kreativität wieder zu erforschen. (…) Neue Dinge zu bauen, braucht auch diesen Schritt zurück, verstehen, was uns inspiriert, und das dann mit dem zusammenführen, was die Welt braucht. Genau das haben wir vor.“

Viele Erfolgsgeschichten im Bereich von Unternehmensgründungen gehen den Weg des bewussten Prototyping. Es ist ein schrittweises Wuchten nach vorne. Natürlich unter Wahrnehmung der leisen und lauten Signale der Umwelt. Schließlich geht es – frei nach Aristoteles und den beiden Instagram-Gründern – darum, die eigenen Talente auf die Bedürfnisse der Welt anzuwenden. Wir sollten also resonant unterwegs sein, aber nicht rein reaktiv. Vielmehr geht es um einen Download der Zukunft. „Von der Zukunft her führen!“, so lautet das Plädoyer des MIT-Professors

Otto Scharmer. Eine ganz wesentliche Haltung des „Feedforward" ist das Entstehen-Lassen. Dieses gilt es mit erfahrungsorientiertem Lernen durch schnelle Feedbackschleifen zu kombinieren.

„Fail early to learn quickly" – scheitere früh, um schnell zu lernen –, so ein Mantra der Start-up-Community.

Das Hervorbringen und Form-Geben ist ein Finden. Aber mehr als in Schichtung (3) auch ein Suchen, nämlich die Ausschau nach einer Deckung von Sein und Tun mit unserer inneren Klarheit. Es ist der Wunsch nach Selbstwirksamkeit, nach Wachstum, nach Erfahrung und Ausdruck der eigenen Kraft. Der großartige Maler Marc Chagall kleidete das in folgende Worte: „Ich musste einen besonderen Beruf finden, eine Beschäftigung, die mich nicht zwingen würde, mich vom Himmel und den Sternen abzuwenden, und die mir erlauben würde, meinen Sinn des Lebens zu finden. Ja, genau das suchte ich." Er wurde fündig und beschenkte uns reich, indem er Millionen von Menschen mit seinen Werken inspiriert und beglückt.

In der zweiten Woche in Kerala tauchte ein lebhafter junger Mann auf, der einen Gast im Rollstuhl und dessen ganze Familie begleitete. Sie kamen aus den Vereinigten Arabischen Emiraten, er jedoch stammte aus Kanada und lebte nun in Indien. Ich wollte wissen, was sie zusammengeführt hatte. „Meine Lebensaufgabe", sagte Ali. Schon als Kind litt er unter großen Rückenproblemen. „Ich habe alles ausprobiert. Von Akkupunktur bis klassisch schulmedizinische Ansätze. Mit 14 hatte ich meine erste Rückenoperation. Ich bin dann zehn Jahre lang wöchentlich zum Chiropraktiker gegangen. Und dann habe ich Ayurveda entdeckt. Nichts hat mir so sehr geholfen wie das." An diesem Punkt habe er gemerkt, dass er diese Türe zukünftig auch für andere öffnen möchte. Er wertete dies als seinen Ruf und folgte ihm Schritt für Schritt. Heute ist er mit seinem Unternehmen ein „One-Stop-Shop“ für ganzheitliche Gesundheits- und Wellness-Reisen. Gemeinsam mit einer indischen Partnerin berät und begleitet er Kunden aus der ganzen Welt.

Angst und Loslassen

Auch in dieser vierten Schichtung sind Ängste unsere wichtigen Begleiter. Einmal mehr sind wir eingeladen und herausgefordert, sie als Ausdruck unserer Lebendigkeit zu begrüßen. Es ist die natürliche Angst vor der Ungewissheit und der Unsicherheit, die das Unbekannte mit sich bringt. Würden wir die Angst komplett aus unserem Leben verbannen wollen, müssten wir in totaler Kontrollfixierung erstarren. Das wäre das Ende jener Freiheit, die die Entfaltung ins Unbekannte vorantreibt. Es gibt kein Leben ohne Angst. Es geht lediglich darum, der Angst in unserem Leben einen guten Platz zu geben. Sie soll unser Tun nicht dominieren, sondern eine Wächterfunktion einnehmen, damit wir nicht achtlos und unvorbereitet in Verhängnisse hineinstolpern.

Freilich wird das Neue potenziell als Feind des Bestehenden empfunden: Was werden meine Familie und Freunde sagen? Kann ich das zeitlich und energetisch überhaupt leisten? Wird mich mein Umfeld belächeln oder gar offen verurteilen? Werde ich Geld und ökonomische Sicherheit verlieren? Was passiert, wenn mein Plan nicht aufgeht, wenn ich versage?

Solche und ähnliche Fragen kreisen in unserem Kopf, wenn wir auf der Absprungrampe zu etwas Neuem stehen. Sobald das Unbekannte im Spiel ist, sitzt die Angst mit im Boot. Wir sollten sie willkommen heißen und so gut kennenlernen, dass wir sie, wenn sie aufsteht, gegebenenfalls wieder auf ihren Platz verweisen können. Mit Entschlossenheit: „Setzen! Du bist Torwächterin, nicht Reiseführerin.“

Vieles und viele warnen uns vor dem Neuen und binden uns in den Status quo, teils mit gewichtigen Argumenten. Einmal mehr wird offensichtlich, dass wir als Vorleistung, damit Neues Platz greifen kann, loslassen müssen. Die Schichtungen (2) und (3) sind unsere großen Verbündeten: bewusstes Abschiednehmen und Vertrauen in die Stimme des Herzens. Ersteres macht Platz, Zweiteres ermutigt uns und gibt uns die Sicherheit, dass wir in Stunden der Bedrängnis jederzeit zu uns selbst heimkommen können: „Folge deiner Intuition. Wenn es die Situation nahelegt oder deine innere Stimme dich dorthin ruft, komme ganz zu dir. Hier bist du geborgen vor allem Ungemach. Verlasse dich auf dein Wesen." So steht es in meinem Lied des Lebens, das ich da draußen auf dem Felsen zwischen Wald und Großstadtdschungel bekommen habe.

Wenn wir die Angst vor dem Loslassen und dem Unbekannten überwunden haben, dann ersteht Stück für Stück eine neue Welt.

Es ist in dieser vierten Schichtung nicht wichtig und auch nicht möglich, bereits den gesamten Weg zu überblicken, der vor einem liegt. Wichtig ist das beherzte Gehen. Die innere Klarheit führt uns. Von ihr leiten wir einzelne Schritte ab. Oft wissen wir noch gar nicht, wohin sie uns bringen werden. Wir haben noch keine Vorstellung, welches Bild sich in der Verbindung der Schritte ergeben wird. Das ist wie beim „Malen-nach-Zahlen", bei dem wir als Kinder aufsteigende Zahlen verbunden haben, ohne zu wissen, was daraus wird; aber in Vorfreude, dass ein eindrucksvolles Ganzes entsteht. Wenn wir uns von der Zuversicht und vom Herzen leiten lassen, können wir darauf vertrauen, dass sich die einzelnen Schritte in der Zukunft zu etwas Gutem verbinden.

Bei sich und im Tun sein

So schilderte es auch Apple-Gründer Steve Jobs in seiner berühmten Rede „Connecting the Dots" bei der akademischen Abschlussfeier an der University of Stanford im Juni 2005. Er erzählte, wie seine Adoptiveltern alles investierten, um ihn auf die Universität schicken zu können, und wie er dort bereits sechs Monate nach Eintritt sein reguläres Studium abbrach. Es machte für ihn keinen Sinn. Er wollte seine Energien und seine Lebenszeit auf etwas verwenden, das ihn wirklich interessierte, nicht auf das, was sein Umfeld von ihm erwartete.

„It wasn't all romantic", lässt er uns wissen. Er hatte kein eigenes Studentenzimmer, sondern schlief bei Freunden auf dem Boden. Er sammelte Coca-Cola-Flaschen und kaufte mit dem Flascheneinsatz Essen. Er ging jeden Sonntagabend sieben Meilen zu Fuß, um in einem Hare-Krishna-Tempel zumindest einmal in der Woche eine gute Mahlzeit zu bekommen. Und er widmete sich unter anderem mit großem Interesse der Kalligrafie, der Kunst des Schönschreibens von Hand. Das faszinierte ihn. Er lernte etwas über Schriftarten, Schriftsetzung und Formgebung. Nichts davon hatte zu diesem Zeitpunkt praktische Relevanz. Aber einige Jahre später, beim Designen des ersten „Macintosh"-Computers, war das alles plötzlich wieder da. Alles, was Jobs gelernt und erfahren hatte, packte er nun in den „Mac" hinein. Es war der erste Computer mit wirklich schöner Typografie. Der Rest ist Geschichte.

Steve Jobs folgte also seinem inneren Ruf. Er war bereit, dafür Mühsal auf sich zu nehmen und vertraute seiner Intuition. „Das Vertrauen darauf, dass sich die einzelnen Schritte in der Zukunft verbinden, wird dir das Vertrauen geben, deinem Herzen zu folgen!", rief er den College-Absolventen zu. „Du musst etwas finden, das du liebst!", so sein Credo.

Dieser Devise können wir alle folgen. Wir müssen dafür keine Milliardäre oder akademischen Wunderwuzzis sein. Weil es mein Herzblut findet, habe ich beschlossen, mich an einem Start-up zu beteiligen und im Aufbau mit anzupacken. Mit „story.one“ laden wir die Menschen ein, echte Geschichten aus ihrem Leben zu berichten. Geschichtenerzählen macht froh und verbindet die Menschen. Geschichten sind gute Wegweiser zu uns selbst. Wir wollen das Lagerfeuer zurück in die Mitte der Gesellschaft tragen und den größten Marktplatz für Storys aus dem echten Leben bauen.

Gerade heute begegnete mir auf unserer neuen Plattform die berührende Erzählung einer Kassiererin in einem Lebensmittelgeschäft. Unter dem Pseudonym „Sterner“ erzählt eine Frau, welcher Druck täglich bei neun Stunden Akkordarbeit auf ihr lastet: „… immer freundlich und korrekt, Frechheiten überhören und Redseligen ein freundliches Zuhören schenken. Dabei schnell arbeiten und teilweise schwer heben. Die bösen Blicke der wartenden Schlange ignorieren und mit besonderer Freundlichkeit den Unmut der Kundschaft beschwichtigen.“ Die Stunde der Wahrheit sei dann täglich die Abrechnung, wo man stets darauf hinbange, ob die Zahlen stimmen, denn sonst droht eine persönliche Nachzahlung. Bei einer dieser Abrechnungen fragte ihre Kassachefin sie: „Machst du immer noch diese Abendschule?“ „Ja“, antwortete sie und erklärte, dass sie zwar etwas länger brauche als andere, aber gerne die Reifeprüfung machen würde. „So ein Blödsinn, egal ob mit oder ohne Matura, für den Arbeitsmarkt bist du ohnehin schon zu alt. Du bist doch wie ich schon fünfzig. Was willst du da noch mit der Matura? Vielleicht studieren, bis du ins Altersheim kommst?“, hielt ihr ihre Kollegin etwas spöttisch entgegen. „Na und, mir macht es Spaß!“, entgegnete die Kassiererin. Dann gingen sie nach gemeinsamer Taschenkontrolle durch den Filialleiter in Richtung Wochenende.

Im Auto angekommen setzte bei der Kassiererin Nachdenklichkeit ein: „Ich (…) überlege, ob sie Recht hat. Jahrelanges In-die-Schule-Pilgern, Jonglieren von Familie, Arbeit und Schule. Nur um dann im Altersheim gebildet zu sein? Nein, ich mache das für mich. Egal, ob ich es beruflich einmal brauchen kann. Mein Leben lang wollte ich Dinge verstehen und begreifen, die in der Welt so vor sich gehen. Es ist ein harter Weg, oft bin ich am Verzweifeln, zwischen Euphorie und Hoffnungslosigkeit hin und her gerissen, aber ich mache weiter." Frau Sterner kam letztlich zu der freudvollen Erkenntnis: „Der Motor brummt und ich fahre nach Hause zu meiner Familie… und ja, ich bin schon fünfzig, und ja, ich gehe weiter in die Schule. Plötzlich überkommt mich gute Laune, denn ich habe begriffen, dass mich diese Aussage meiner Kollegin nicht verletzt hat, sondern mir Klarheit darüber geschenkt hat, was ich wirklich will. Danke!"

Ins Risiko gehen

Als Politiker war ich immer wieder in Schulen und Universitäten zu Diskussionen eingeladen, bei denen junge Menschen mich fragten, wie ich zu dem wurde, der ich bin. Sie wollten den strategischen Plan hinter meiner Karriereentwicklung verstehen. Mein Lebenslauf schaut auf dem Papier natürlich sehr durchdekliniert aus – ein Schritt baut gleichsam auf dem anderen auf. Naheliegend, dass es dazu einen Masterplan gab: Schulsprecher, Landesschulsprecher, Vorsitzender der Hochschülerschaft, Parlamentarischer Mitarbeiter, Unternehmer, Familiengründer, Parteigründer, …

Nun denn, nein, es gab keinen großen Plan. Aber ja, es gab und gibt Sehnsüchte, Intuitionen und Visionen. Und es gibt die Stimme meines Herzens, der ich immer wieder folge.

Der Rest passiert. „Prüfe stets die Felder, auf die du dich einlässt. Zu unterschiedlichen Zeiten kannst und sollst du unterschiedliche betreten. Suche nicht, finde. Sei bereit. Alles kommt zu dir. Sei aufmerksam, sei wachsam. Entscheide." So steht es in meinem Lied des Lebens. Danach handle ich.

Das ist nicht immer einfach. Ich kenne Ängste und Zweifel, ich habe Durststrecken und Durchhänger, es ist ein Geben und Nehmen. Ich arbeite seit über 30 Jahren viel ehrenamtlich. Meine beruflichen Erfolge haben sich wesentlich aus Ehrenämtern heraus entwickelt; nicht aus Kalkül, sondern weil es sich einfach so ergeben hat. Aus Leidenschaft entstand Meisterschaft, die eine Formalisierung in ein Berufsbild nahelegte und Kunden anzog. Ist das der Grund, warum ich auch derzeit ein Drittel meiner Arbeitszeit ehrenamtlichen Tätigkeiten widme? Nein. Ich tue einfach das, was mich interessiert und wo mein Herz mich hinzieht. Das Leben hat mir gezeigt, dass ich dabei auch ein gutes ökonomisches Auskommen finde.

Natürlich geht es auch darum, immer wieder Risiko zu nehmen. Während ich dieses Buch schreibe, habe ich einen neuen Kredit laufen, damit wir als Familie gut über die Runden kommen. Ich habe diese Verbindlichkeit aufgegriffen, damit ich das tun kann, was ich derzeit tun will, was ich für stimmig und richtig halte. Manchmal habe ich kleine Zweifel, aber viel öfter großes Vertrauen, dass sich der Aufwand nicht nur menschlich und energetisch, sondern auch ökonomisch rentieren wird.

Das, was ich bekomme, ist das, was ich gegeben habe. Oft bekomme ich sogar mehr zurück, als ich investiere.

Diese Erfahrungen und Haltungen ermöglichen es mir, mich immer wieder neu zu erfinden. Dabei habe ich auch gelernt, das Unbequeme als mögliche Vorstufe für Erkenntnisfortschritt und Wachstum zu betrachten, aber auch immer wieder eine Güterabwägung zwischen Ich-Bezogenheit und Gemeinwohl vorzunehmen.

Die Parteigründung war ein großes Wagnis. Ich musste zwei private Kredite aufnehmen, weil politische Mitbewerber unser damaliges Unternehmen auf den Boden ringen wollten und mir Banken keine weiteren Darlehen gewährten. „Den bringen wir in drei Tagen um", ließ mir der Generalsekretär jener Regierungspartei ausrichten, der ich vor unserer Parteigründung nahestand. Mit einiger Brutalität verfolgten sie zwar nicht mein physisches Ende, jedenfalls aber mein unternehmerisches. „Nicht kreditwürdig", bekam ich als (wohl politisch gelenktes) Urteil sodann auch von meiner Hausbank ausgerichtet, obwohl sie auf zwei Hypotheken saß, die mehr als das Zehnfache von dem ausmachten, was ich für einen Überbrückungskredit für unser Unternehmen brauchte. Die Gehälter wollten bezahlt werden, auch wenn etliche Aufträge wegbrachen. Zum Glück sprangen ein Freund und eine Verwandte mit Zwischenfinanzierungen ein.

Meine Widersacher konnten mich also unter Druck setzen, aber meine Würde konnten sie mir nicht nehmen. Ebenso wenig meine Entschlossenheit, wiewohl ich nicht frei von Sorgen war. Ich wusste, dass durch meinen Eintritt in die politische Arena die Erschütterungen für das Familiensystem groß sein würden. All das habe ich abgewogen und bin immer wieder in Entscheidungen gegangen. Von der Zukunft her. Die hat dann auch gut stattgefunden.

Die virtuelle Garage

Auch meine aktuelle Neufindungsrunde ist nicht immer ein Zuckerschlecken. So war es etwa ein wildes Reiben mit Irene. Wir waren parallel in Veränderungsprozessen unterwegs, und es brauchte viel Achtsamkeit, um für uns beide sowohl gute eigenständige Plätze als auch einen stimmigen Paarlauf zu finden. Ein kleines Beispiel: Ich habe meinen Arbeitsplatz auf dringenden Wunsch meiner Frau vor einigen Monaten vom Wohnzimmer in einen eigenen Raum in ihrem Atelier verlegt. Das war ein gewisser Kraftakt, aber eine wichtige Intervention. Wir erfreuen uns nun an unserem „Coworking Space als Künstler-Ehepaar" und konnten so einiges an energetischer Überfrachtung unseres Wohnzimmers bereinigen. Das hat uns beiden und den Kindern gutgetan.

In dieser vierten Schichtung erkunden und entwickeln wir Schritt für Schritt unsere Zukunft. Wir bringen sie hervor – inhaltlich, strukturell, sozial. Zuletzt vollends in die Primärschichtung (4) kam ich nach meinem Ausscheiden aus dem Parlament. Bereits in den Monaten davor drängte es mich punktuell immer wieder in Sequenzen des Hervorbringens. Ich recherchierte Tätigkeitsfelder und Projektkontexte. Im vorletzten Frühjahr klopfte immer wieder die Idee eines neuen Coaching-Ansatzes an. Ich reservierte sogar entsprechende Webadressen dafür. Im Sommer beschäftigten mich Gedanken zu einem großen Kooperationsprojekt zwischen nordafrikanischen und europäischen Städten. Ich hörte mich immer wieder von dieser Herausforderung sprechen, bestellte etliche Bücher zu diesem Thema und reservierte einmal mehr Webadressen – offensichtlich ein persönliches Ritual, um etwas Faktisches in Händen zu halten.

Ganz bewusst zügelte ich in diesen Monaten immer wieder meine Ungeduld und Neugierde, weil die Zeit noch nicht reif war, mich voll und ganz diesen Formgebungen zu widmen. Ich war als Vorsitzender unserer Parlamentsgruppe noch in die Performanz gebunden und darüber hinaus mit dem Loslassen beschäftigt. Ich verbot mir, wirklich ins Prototyping zu gehen. Dazu hätten mir Zeit und Energie gefehlt. Als – auch im Nachhinein gesehen

– stimmigen Kompromiss erlaubte ich mir, diese Gedanken immer wieder einmal schriftlich zu sortieren. Erste kurze Konzeptskizzen fanden den Weg auf meinen Laptop. Dort parkte ich sie in einer virtuellen Garage. Das war emotional und mental eine Entlastung und Befriedung gemäß dem Motto: Die Idee ist notiert, der Ansatz formuliert, eine weitere Vertiefung wird folgen, wenn die Zeit reif ist. Nichts ging verloren, alles war zwischengelagert für den Tag X, an dem ich diese Garage öffnen würde, um die Ideen herauszufahren.

Als ich alle parlamentarischen Aufgaben, Funktionen und Verantwortlichkeiten Ende September übertragen hatte, öffnete ich dieses Garagentor. Jetzt war freie Fahrt angesagt, wenn auch anfangs noch etwas verhalten. Denn die ersten acht Wochen oszillierte ich zwischen einem weiteren emotionalen und körperlichen Loslassen, der Aktualisierung meiner Berufung und ersten Schüben der Formgebung im Äußeren. Nach dem bereits beschriebenen Retreat Ende Oktober 2018, in dem ich mich nochmals meinem Inneren Ort gewidmet hatte, kippte ich dominant in die Schichtung (4).

Formen aller Art begannen nun zu sprießen, auch solche, die ein paar Monate später – im Ankommen in der Primärschichtung (5), der vollumfänglichen Verkörperung – in weite Ferne gerückt waren. So meldeten sich nach meinem schon geschilderten Konzert mit einem Mashup-Künstler plötzlich Bookingagenturen und Künstleragenten, die konkrete Projekte mit mir anbahnen wollten. Das fand meine Neugierde und ich stieg in erste Gesprächsrunden ein. Doch war ich wirklich zum Rapper berufen? Sollte ich eine Kabaretttour durch Österreich und Deutschland machen? Verlangte mein Herz nach der Produktion eines weiteren Albums und einer Bühnentour?

Beschleunigen und Aussortieren

Das Konzert im Oktober war ein sehr lustvolles Erlebnis gewesen. Wir hätten wohl gut weitere Konzertlocations voll bekommen. Natürlich gab es auch einiges an Kritik zu diesem „schrägen, künstlerischen Ausritt“. Die gehört dazu, wenn wir Neues ausprobieren. Das müssen wir lernen auszuhalten. Als multipler Gründer hatte ich darin schon viel Übung. Die Gespräche mit Agenturen und Künstleragenten brachten jedenfalls schmeichelhaftes Feedback und interessante Informationen. Doch ich sah mich nicht wirklich als authentischen Akteur auf einer Musikbühne. In der Tendenz kam ich zu dem Schluss, dass sich dort (vorerst?) nicht meine Talente mit den Bedürfnissen der Welt treffen.

Mein Gegenüber drängte in die Formgebung und ins Performing, wollte über konkrete Formate und Termine sprechen. Ich bat um Bedenkzeit. Während meines Indienurlaubs verband ich mich zu diesen Fragen nochmals mit meinem Inneren Ort. Ich nahm mir Zeit, um hinzuspüren. Mit meiner Rückkehr nach Wien war mir dann klar, dass ich hier nicht anknüpfen wollte. Das Konzert sollte bewusst ein Prototyp bleiben und nicht ins Performing wachsen. Ein stimmiger Fall von permanenter Erwerbsarbeit wäre es für mich nicht. Ich wollte meine Kraft und Energie auf andere Umsetzungsfelder und -projekte fokussieren. Allerdings kann ich mir gut vorstellen, alle zwei Jahre einmal ein Kunstprojekt oder ein Konzert zu machen – aus purer Freude am Tun und wegen der positiven Vibes, die dabei entstehen.

Auch in das Afrikaprojekt – die Idee für eine Social-Business-Holding für 500 Partnerprojekte zwischen Nordafrika und Europa – investierte ich einiges an Zeit und Energie. Ich traf potenzielle Umsetzungspartner und Mitarbeiter. Zwei grobe Konzeptskizzen, wie wir es strukturell angehen wollten, lagen schon am Tisch. Im Dezember besuchte ich einen Afrika-Gipfel in Wien.

Über Monate war ich wie gefesselt von dieser Idee. Mein Idealismus und mein Pflichtgefühl mahnten mich geradezu in diese Richtung. Und plötzlich war die Klarheit da, dass dieses riesige Projekt jetzt absolut keine Stimmigkeit in meinem Leben hätte.

Das, was zwar immer wieder anklopfte, aber von mir beiseitegeschoben wurde, hatte sich im Bauch, im Herz und im Kopf nun klar formiert: nämlich, dass es mit unserer Familiensituation nicht kompatibel wäre, wenn ich immer wieder wochenlang in Nordafrika unterwegs sein würde. Die Familie war meine klare Priorität. Es brauchte offensichtlich einige Zeit und Ruhe, bis ich das vollumfänglich spüren konnte. Sodann war es mir möglich, innerhalb weniger Tage von dieser „fixen Idee“ abzulassen. Und ich war sehr dankbar, auf der Afrika-Konferenz viele Menschen zu erleben, die sich bereits für ähnliche Ideen engagierten. „Es ginge sich mit unserer Familiensituation nicht in jener Ernsthaftigkeit aus, die ich mir selbst abverlangen würde. Und ich habe gelernt, dass es andere bereits gut machen. Es braucht mich nicht wirklich.“ Das war mein Befund, den ich an bereits angebahnte Mitstreiter weitergab. Ausnahmslos alle hatten Verständnis. Ich war offensichtlich klar.

Gegen Ende des Jahres legte ich mich fest, mich vorerst auf meine Prototypen als Systemischer Organisationsentwickler, Autor und TV-Schaffender sowie auf ausgewählte ehrenamtliche Engagements konzentrieren zu wollen. Ich verstand immer klarer, dass ich mir aber auch damit noch zu viel auf den Tisch geladen hatte. Zudem war ich fest entschlossen, in den kommenden Jahren zumindest einen „Papatag“ zu halten, um auch werktags mindestens einmal die Woche den Haushalt zu managen. Nach Indien würde also eine weitere Welle des Loslassens auf mich warten, wenn ich ausreichend Zeit für meine Familie haben und in ausgewählten Feldern und Projekten in die volle Performanz wachsen wollte.

Für die Entscheidungen, die es noch brauchte, hatte ich mir nach meiner Rückkehr ein Hilfsmittel zurechtgelegt. In der Fülle der Optionen würde ich stets prüfen, ob die anklopfende Aufgabe, Rolle oder Tätigkeit auf meiner „Skala der Lebensfreude“ auch mein volles Herzblut findet. So geht es mir heute leichter von der Hand, die Spreu vom Weizen zu trennen.

Anfragen und Angebote, die auf dieser Skala mit insgesamt 100 Punkten unter einem gefühlten Wert von 80 liegen, bescheide ich mit einem klaren Nein.

Ich bin in dieser Phase meines Lebens zu weniger Kompromissen bereit als in der Vergangenheit. Das tut mir gut und gibt mir ausreichend Fokus, jene Dinge, die ich wirklich anpacke, mit Achtsamkeit zu verfolgen und Qualität zu gewährleisten. Ich werte das als Ausdruck des Reifens.

Schärfer trennen, inniger verbinden

„Das ganze Leben ist ein ewiges Wiederanfangen“, sagte der österreichische Schriftsteller Hugo von Hofmannsthal. Die Schichtung (4) ist die Vorbereitung zur Reife. Sie ist wie das Austreiben eines Baumes. Mit jeder Knospe beginnt gleichsam etwas Neues. Mit jeder Blüte im Frühjahr wird die Grundlage für eine Frucht gelegt. Aber nicht jede Blüte wird im Sommer eine Frucht tragen. Wir sind sogar aufgefordert, in Verbundenheit mit unserer Herzensenergie regelmäßig einen „Baumschnitt“ in unserem Leben vorzunehmen. „Weniger ist mehr“, lernt man in der Baumschule. Das befördert die Ernte. Jedenfalls im Übergang von Schichtung (4) auf (5) wartet diese Aufgabe auf uns. Und sie ist von uns selbst zu erledigen. Denn es gibt eben keinen größeren Experten für unser Leben als uns selbst. „Reifer werden heißt, schärfer trennen und inniger verbinden“, ermutigte uns Hugo von Hofmannsthal.

Eine Gefahr in dieser Primärschichtung (4) ist es, sich – wie schon beschrieben – der Angst hinzugeben und nicht wirklich ins Tun zu kommen. Wir überwinden uns nicht zum Loslassen, wir verhindern den Einzug des Frühlings. Eine weitere Gefahr ist, sich selbst zu verlieren. Man kommt in die Geschäftigkeit, man verzettelt sich, man erliegt den Rufen und Reizen im Außen. Wir sind verführbar, vor allem im Kopf. Daher ist es wichtig, sich immer wieder Einsichten und Energie von jenseits des Intellekts zu holen. Wir müssen uns gewahr sein, dass uns die Gegenwart stets Sand in die Augen streut und Lärm in unsere Ohren bläst. Das benebelt und betört uns. Um klar zu bleiben, gerade wenn wir heldenmütig ins Tun gehen, ist es wichtig, mit unserem Inneren Ort gut verbunden zu sein.

Diese Verbundenheit kann und soll unser Form-Geben, unser Hervorbringen, unser Manifestieren leiten wie ein *goldener Faden.*

Wenn wir diesen gut halten, dann können wir nicht verloren gehen.

Im fülligen Sein und Tun

(5) Wie ich ins VERKÖRPERN komme

Mit dieser fünften Schichtung mündet der Findungsprozess in die Qualität der Reife. Wir kommen vollumfänglich im (neuen) Sein und Tun an. Wir verkörpern das Neue. Es ist Teil unseres alltäglichen Selbst. Es fühlt sich richtig an und es füllt uns aus. Wir laufen rund. Wir ruhen in Stimmigkeit und sind gleichzeitig voller Lebendigkeit. Wir sind wie der Fisch im Wasser – natürliches Habitat. Das (neue) Alltägliche atmet so etwas wie Vollständigkeit, einen Hauch von Vollkommenheit. Wir sind in der Performanz.

ICH *BIN* (ES)

Es war vor gut sechs Jahren, als ich an einem Sonntag gemeinsam mit unserer ältesten Tochter und einem Stapel Zeitungen auf der Couch lag. Über all die Jahre in der Politik war es mein Wochenendritual, am Sonntag nach dem Frühstück auf das Liegesofa zu wechseln, nachdem ich alle sechs Zeitungen, die man bei uns in der Gasse gegen Einwurf von Münzen aus Verteiltaschen nehmen kann, geholt hatte. Interessiert vergrub ich mich dann ins bedruckte Papier, denn die Woche über war dafür meist keine Zeit. Unsere Tochter hatte gerade lesen gelernt und liebte es, Artikel mit meinem Foto zu suchen. „Papa, warum bin *ich* eigentlich nie in der Zeitung?", fragte sie neugierig, als wäre etwas falsch mit ihr. Ich musste lachen. Es war gar nicht so einfach, ihr zu erklären, warum das meine Normalität, nicht aber ihre, war.

Auch heute denke ich noch gelegentlich an diese Situation, wenn ich eine Zeitung in Händen halte. Nicht nur für mich war der Abschied aus der Spitzenpolitik eine Umstellung, auch für unsere Kinder. „Der Papa ist Politiker und in der Zeitung." Was sonst!? So hatten sie mich von klein auf kennengelernt. Das war für sie so normal, dass es nahelag, diese Normalität sogar auf sich selbst als Kinder zu übertragen. Daher stellte sich bei meinem Ausscheiden aus der Politik für sie zwangsläufig die Frage: Was würde ich dann sein, wenn nicht das, was ich für sie mit Haut und Haaren verkörperte? Sie konnten sich in den ersten Monaten nach meinem Polit-Ausstieg für mich schwer etwas anderes als „normal" vorstellen.

So geht es offensichtlich einigen Menschen. Im Frühjahr hatten wir einen TV-Dreh am Rande eines Wanderweges in einem Weinberg. „Was sind Sie denn jetzt? Was machen Sie eigentlich?", kam eine ältere Frau mit Hund auf mich zu, nachdem sie mich erkannt hatte. „Ich bin Autor. Und ich arbeite an Fernsehprojekten …", wollte ich erklären. Sie schüttelte den Kopf und sagte: „Na, Sie san a Politiker. So einfach können'S des net abstreifen!"

Als ich am Abend im Bett lag, hörte ich nochmals ihre Stimme und sah erneut ihr entschlossenes Kopfschütteln. „Nun denn", sagte ich mir, „so einfach war es ja auch nicht mit dem Abstreifen, mit dem Loslassen, mit der Übergabe meiner Rollen und Verantwortungen." Ich beschloss, diese Begegnung dahingehend als Kompliment zu werten, dass diese Frau meine Manifestation als Politiker offensichtlich als sehr authentisch und glaubwürdig erlebt hatte. So authentisch, dass sie sich von mir oder für mich kaum etwas anderes vorstellen konnte.

So stimmig für mich selbst der Abschied aus der Politik war, so schwer war er auch. Ich war Teil der Politik, sie Teil von mir. Wie ließ sich das nun wieder voneinander scheiden? Ja, die Funktionen konnte ich ablegen. Aber ein Homo politicus bin und bleibe ich. Die Politik wird immer ein Stück weit in mir leben. Ich habe mich mit ihr vertraut gemacht, sie mitgestaltet und werde ihr verbunden bleiben, auch wenn ich losgelassen habe.

„Wo du hinkommst, wird sich das Feld verändern.“

So steht es in meinem Lied des Lebens. Ja, das ist wohl so. Dort, wo wir als Gestalter ein Feld betreten, passiert etwas. Analog zur Erkenntnis der Quantenphysik, dass allein der Umstand, dass ein Phänomen beobachtet wird, dieses Phänomen potenziell verändert. Wer in den Fluss der leidenschaftlichen Performanz tritt, der wird aber auch selbst vom Feld geformt. Der Schaffensakt verändert den Ort *und* den Schöpfer.

Mastering the Flow

Wenn wir so richtig in die Primärschichtung (5) kippen, im Verkörpern unserer Berufung ankommen, dann erfahren wir auch immer wieder *Flow*-Zustände. Diese sind das als beglückend erlebte Gefühl völliger Vertiefung. Es ist ein Aufgehen im Sein und Tun. Unser Tätigsein läuft dann wie von selbst. Die Psychologie spricht auch von „Schaffensrausch“ oder „Funktionslust“. Wir kennen diesen Zustand von Chirurgen, die in ihrem Schaffen vollkommen absorbiert werden. Wir kennen ihn von Künstlern, die gleichsam eins werden mit ihrem Werkzeug und Objekt. Wir kennen ihn von Sportlern, die wie in Trance mit ihrer Herausforderung verschmelzen. Ein Freund von mir ist Kletterer und berichtet, dass er in stundenlangen Aufstiegen „bewegter Teil der Wand“ werde und seine Griffe ihm auf unergründliche Weise „zuwachsen“.

Vor rund zehn Jahren habe ich Irene einmal für einige Minuten beim Malen beobachtet, ohne dass sie es bemerkte. Ich sah, wie ein Mensch aus der Zeit gekippt war, so wie es im Wesen der Kinder liegt. „Dem Glücklichen schlägt keine Stunde." Welt- und Selbstvergessenheit. Im Hier und Jetzt absorbiert, mit Glückshormonen gefüllt. Diese strahlenden Augen, diese Konzentration, diese Verzückung beim Absetzen des Pinsels haben mich tief berührt. Für mich war in diesem Moment klar, dass das Malen ihre Berufung – eine ihrer Berufungen – ist. Sie konnte und wollte sich das lange nicht zugestehen. Immer wieder habe ich darauf beharrt, mich mit ihr angelegt. Ich war mit meinem Drängen wohl nicht immer hilfreich.

In den Monaten, in denen ich dieses Buch schreibe, bereitet Irene gerade ihre erste große, eigene Ausstellung vor, nachdem sie in den letzten Jahren Auftritte in einer Galerie und in Gemeinschaftsausstellungen hatte. Während ich mir in unserem Coworking Space einen Tee aufgieße, fällt mir die Rohfassung ihres Katalogs in die Hand. In dieser Werkschau über die letzten fünf Jahre schreibt sie: „Bei meinem künstlerischen Schaffen schöpfe ich aus meiner inneren Quelle. (…) Die Sehnsucht, der Horizont, die Schönheit der Natur, das Weltgeschehen und mein inneres Sein inspirieren mich. All das übersetzt sich in die spezifische Formensprache meiner Bilder. Ich mag es, wenn Menschen in meine Bilderwelten eintauchen – in das Offensichtliche und in das Dahinter. Ein Ankommen im Hier und Jetzt." Das finde ich großartig. Wir schwingen in dieselbe Richtung, mit unterschiedlichen Werkzeugen und Ausdrücken. Und wir lernen so viel von- und miteinander.

So habe ich im Rahmen ihres Coming-out-Prozesses als Künstlerin begriffen, dass jeder Mensch sein eigenes Tempo hat und ich mit meiner tendenziellen Fixierung auf Chronos, die metrische Zeit, vor dem Kairos, dem reifen Zeitpunkt, kapitulieren muss. Ich habe erfahren, dass das Sprichwort „Umwege erhöhen die Ortskenntnis“ stimmt und vermeintliche Umwege oft keine sind, sondern nur weitere Punkte auf unserem Lebensweg, die sich im Nachhinein sehr stimmig und kraftvoll mit dem großen Ganzen verbinden.

Man kann in Sachen Entfaltung nichts erzwingen. Bekanntlich wächst eine Pflanze auch nicht schneller, wenn wir an ihr ziehen.

So beginne ich in meinem eigenen Leben ein neues Zeitgefühl zu entwickeln. Ich *muss* weniger, ich *bin* mehr. Ich kann mehr loslassen. Das was ich sein lasse, lässt mich *sein*. Eine wunderbare Erfahrung. Wenn ich wieder einmal in Hektik verfalle, dann ermahne ich mich mit der japanischen Weisheit: „Hast du es eilig, dann gehe langsam.“ Dinge, die ich früher unter Hochdruck noch erledigt hätte, bekommen jetzt öfter mal einen Aufschub. Erstaunlicherweise erledigt sich ein beachtlicher Prozentsatz dieser Angelegenheiten dann von selbst. Dazu fällt mir eine Geschichte über den Dalai Lama ein: Seine Heiligkeit wurde gefragt, wie viele Stunden er täglich meditiere. Er antwortete: „Zwei Stunden. Außer ich habe einen ziemlichen Terminstress.“ Daraufhin setzte der neugierig Fragende nach: „Wie viel schaffen Sie dann?“ „Dann sind es drei Stunden“, lächelte der Dalai Lama.

Es gibt die Zeit der Muße und die Zeit des entschlossenen Handelns. Spannung und Entspannung. Wenn die Zeit reif ist, ist es gut, seinen Mut und seine Entschlossenheit zusammenzupacken und sich dem Ruf seines Herzens sowie der sachlichen Leidenschaft hinzugeben. Wir stellen uns dann den Herausforderungen. Handeln und Bewusstsein verschmelzen.

Wir bewältigen selbstgesetzte Ziele. Wir erleben uns in Verbindung mit uns selbst und unserer Umwelt als wirksam. Wir erfahren Zufriedenheit. Das Tätigsein belohnt sich selbst. Unser Selbstwert wird befeuert, weil wir uns mit Herzklopfen etwas trauen. Wir strahlen Klarheit, Kraft und Freude aus.

Der Leidenschaft auf der Spur

Im Zustand des erweiterten Flows kultivieren wir Meisterschaft. Ein Freund von mir ist Tischler. Er hat für uns den Windfang, das Bad und das Schlafzimmer gemacht. Ich habe ihm beim Installieren und Finalisieren zugeschaut. Ich glaube, da habe ich diesen erweiterten Flow-Zustand beobachtet. Ein Handwerker voller Begeisterung. Zusätzlich hat er über die letzten zehn Jahre sein unternehmerisches Talent aktiviert und eine eigene Tischlerei aufgebaut. Immer wieder haben wir uns von Unternehmer zu Unternehmer ausgetauscht, mitunter auch gejammert, über die Bürokratie, die hohen Lohnnebenkosten, den Steuerdruck. Aber wir waren uns einig, dass wir unser Unternehmersein, im Sinne aktiver und kreativer Lebensgestaltung, als eine Form von Glück erfahren.

Es ist großartig, die eigenen Talente in Schwingung zu bringen.

Es geht mir hier nicht um den formalen Status „Unternehmer“, es geht mir um die Haltung, die Lust am Schöpferischen, an der persönlichen Bewährung. Diese Haltung kann ich als Schüler, Lehrling, Beamter, Arbeiter oder Angestellter genauso verkörpern. Es geht um leidenschaftliches Anpacken, auch ums Durchhalten. Der Flow-Zustand wohnt nicht bei den Zauderern, den Zynikern, den Ignoranten. Er wohnt bei den Interessierten, den Ausprobierern, den Nicht-Aufgebern. Dieses

Glücksverständnis hebt sich von der Suche nach dem „Kick“ oder „Fun“ ab. Es geht nicht um kurzzeitige, aufgeputschte Erregung, sondern um länger andauernde Vitalität.

Berufung zu leben ist eine „Disziplin des praktischen Seins und Tuns“. All das, was ich hier beschreibe, leben viele Menschen auch einfach intuitiv. Sie integrieren alle fünf Schichtungen instinktiv, ohne sich über Konzepte oder dergleichen Gedanken zu machen.

Ein Praxisbericht: Unlängst fuhr ich Haare schneiden. Im Salon angekommen wurde mir mitgeteilt, dass mein Friseur krank war. Ich mag ihn: Er ist wahrlich ein Pilot seines Lebens – als schwuler, türkischstämmiger Haarkünstler hat er es sicher nicht immer leicht gehabt. An diesem Tag allerdings war er nicht da. Zuerst reagierte ich etwas geknickt. Denn ich hatte sieben Jahre lang eine ziemlich extreme Kurzhaarfrisur und kämpfte nun bereits über ein halbes Jahr gemeinsam mit meinem Figaro, um meine bescheiden wachsende Haarpracht in Form zu bringen. Das ist keine einfache Aufgabe; da kannst du nicht jeden ranlassen. Jetzt aber wartete eine „Ersatz-Friseurin“ auf mich. Doch rasch erkannte ich Pias Leidenschaft. Ich war beruhigt – und fasziniert.

Ich kam mit ihr ins Gespräch. Die junge Frau erzählte mir, dass sie immer schon wusste, was sie sein wollte. Schon als kleines Mädchen liebte sie es, sich mit Freundinnen zu stylen, die Haare herzurichten, sich zu schminken. Aber ihre Eltern bestanden darauf, dass sie einen „ordentlichen Beruf“ erlerne. Sie hatten zwei Restaurants und so machte Pia auf Druck von Vater und Mutter eine Gastronomielehre. Ihren Traum jedoch vergaß sie nicht, sie ließ ihn nicht los. Am Tag des Abschlusses ihrer Gastronomieausbildung legte sie ihren Eltern den Lehrvertrag für den Friseurberuf auf den Tisch.

Sie hatte bereits im Rahmen der berufspraktischen Tage als Mittelschülerin verschiedene Dinge ausprobiert und nichts hätte ihr so viel Freude bereitet wie der Friseursalon. „Allein, wenn ich Haare aufkehren konnte, hat mir das Spaß gemacht", erzählte sie mir, übers ganze Gesicht strahlend. Nun ist sie bereits neun Jahre in diesem Beruf. „Ich liebe das positive Gefühl, das ich habe, wenn die Menschen zufrieden hier hinausgehen. Wenn ich in den Gesichtern erkennen kann, dass ich einen Beitrag zum Wohlbefinden und zum Selbstbewusstsein geleistet habe." Sie glaubt, dass diese Freude an ihrem Beruf, an ihrem Ruf, ein Leben lang anhalten wird.

Pia ist ein Beispiel für jene Menschen, die leben und tun, was sie lieben – intuitiv geführt und nicht modellgeleitet. Sie haben sich einfach ins Cockpit ihres Lebens gesetzt, den Steuerknüppel in die Hand genommen und ihrem Leben eine Richtung gegeben. Sie leben im Einklang mit der Stimme ihres Herzens und ihrer Intuition. Kennzeichen dafür sind jedenfalls Lebensfreude, Wertschätzung, Herzlichkeit und Authentizität.

Wie Pias Geschichte uns weiters lehrt, sind die Träume unserer Kindheit mitunter ein guter Wegweiser in unsere Berufung. Ebenso wie unsere besonderen Talente und Sehnsüchte, egal ob als Kinder oder Erwachsene. Ein Freund, der drei kleine Unternehmen hat, berichtete mir vor kurzem, dass er eigentlich irgendwann Landwirt sein möchte. „Irgendwann?", fragte ich ihn. Bei solchen Ansagen bin ich zumindest skeptisch, denn irgendwann kann auch nie sein. Das Leben ist mitunter zu kurz für später. Hier lohnt es sich, wie schon in der Schichtung (3) beschrieben, unsere Todesstunde zu besuchen und sich mit Ernsthaftigkeit den eigenen Herzensbewegungen zu widmen. Singe ich mein Lied des Lebens? Was würde ich bereuen, wenn ich dereinst auf meinem Sterbebett liege?

Verwechslungsgefahren

Dieses Buch soll einladen, sich mit grundsätzlichen Lebensfragen auseinanderzusetzen. Es soll jedoch eines nicht: Druck machen. Wo immer wir mit unserem Denken, Tun und Sein unterwegs sind, dürfen wir uns liebevoll selbst beobachten: „Aha. So ist das?“ Mit diesem Interesse an uns und einer ausgeprägten Selbstfürsorge werden wir gute Schritte machen. Die Suchbewegung hin zur Berufung ist keine Jagd nach Beglückung.

Berufung zu leben, darf nicht zur Obsession werden.

Zudem ist es mir wichtig, das Thema Berufung nicht zu verklären oder zu überhöhen. Kein Mensch wird in einem permanenten Fluss der Wonne und Selbstvergessenheit dahingleiten. Auch „Berufene“ haben die Höhen und Tiefen ihres Alltags. Mit den Kindern kann es mal laut werden, mit den Arbeitskollegen mal Streit geben, der abgestürzte Laptop kann einen in eine Wutattacke und das zerkratzte Auto in eine aggressive Wallung versetzen. Wer in seiner Berufung angekommen ist, der wird grosso modo Lebensglück und hohe Selbstwirksamkeit erfahren. Er wird jedoch kein „Erleuchteter“ jenseits irdischer Dynamiken sein. Wir bleiben Menschen, mit allem, was dazugehört. Ich kann einen guten Grund-Flow haben, aus diesem aber auch jederzeit herausgerissen werden. Die menschliche Existenz bleibt volatil.

Auch ist die Thematik Berufung nicht frei von Gefahren. Wichtig ist, dass wir uns vor verhängnisvollen Verwechslungen schützen. Der ungarisch-amerikanische Psychologe Mihály Csíkszentmihályi, der den Begriff des „Flow“ im psychologischen Sinne prägte, weist in seinen wissenschaftlichen Publikationen auf die gefährlichen Seiten des Flow-Konzepts hin. So werde dieses beispielsweise im Krieg, aber auch in der

Wirtschaft missbraucht. Hier tauchen Videos von IS-Kämpfern in mir auf, die wie auf Drogen ihre inszenierten Massenhinrichtungen vornehmen. Ihre „Berufung zum heiligen Krieg“ trägt sie in rauschartige Zustände. Ihre Führung hat sie mit Manipulation, Inszenierungen, Ritualen, Uniformen und Auszeichnungen dorthin verleitet.

Ebenso erinnere ich mich an die beklemmenden Bilder junger US-amerikanischer Soldaten, die voller Tatkraft und Adrenalin mit ihrem Mannschaftspanzer in eine Schlacht im Irakkrieg fuhren. Das Geschehen oszillierte zwischen Party, Angst und Verdrängung. Das stählerne Gefährt dröhnte vor höllisch übersteuerter Rockmusik. Mit Songs wie „The roof is on fire“ der Musikgruppe „Bloodhound Gang“ putschten sich die Soldaten in eine Selbstvergessenheit der anderen Art. Ihre Regierung hatte alles dafür getan, dass sie sich dazu berufen hielten, „für die freie Welt in einen gerechten Krieg zu ziehen“, einen Krieg, von dem wir später erfahren mussten, dass er von der amerikanischen Regierungsspitze mit manipulierten Geheimdienstinformationen begründet worden war.

Die Verwechslung von authentischem Flow mit Kick, Manipulation und Abhängigkeit ist freilich auch in zivilen Kontexten verhängnisvoll. Die Verführung lauert in der Freizeit ebenso wie in der Berufswelt. Überambitionierte Bergsteiger und Spielsüchtige erliegen hier ähnlichen Mustern und Dynamiken wie so manche Mitarbeiter in pyramidal organisierten Multi-Level-Direktvertriebsstrukturen der Wirtschaft. Im Spielfilm „*The Wolf of Wall Street*“ zeichnet Martin Scorsese ein üppiges Bild jener tragischen Verwechslungen und kranken Dynamiken, die ein übersteigerter Casino-Kapitalismus produzieren kann. Die Hauptfigur, großartig exzessiv verkörpert von Leonardo DiCaprio, wähnte sich voller Glückseligkeit und landete in der Selbstzerstörung.

Als wichtiger Hinweisgeber, dass wir uns auf dem falschen Pfad befinden, dient einmal mehr unser Körper.

Müdigkeit, Nervosität, Kopfschmerzen, Antriebslosigkeit, depressive Stimmungen und eine fast endlose Palette möglicher anderer körperlicher Symptomatiken sollten wir als Warnsignale wahrnehmen. So habe ich mich in den sieben Jahren Führungsverantwortung in der Politik immer wieder gefragt, ob es der normale körperliche Abrieb ist, den ich hier spüre, oder ob ich einer ungesunden Verwechslung erliege. Denn einerseits liebe ich die Politik – dieses gemeinsame Ringen um die Gestaltung des Miteinanders – als eine meiner großen Leidenschaften, als meine Berufung für eine Lebensphase, andererseits ist mir sehr wohl bewusst, dass sie potenziell eine Droge ist.

Bin ich süchtig?

Natürlich ist klar, dass in der Primärschichtung (5), „Verkörpern“, vieles in den Hintergrund tritt. Wer in der vollen Performanz in einer exponierten Funktion unterwegs ist, wird nur beschränkt Zeit für andere Rollen und Aufgaben finden.

So habe ich während meiner Jahre als Parteichef und Fraktionsführer im Parlament immer darum gekämpft, dass die Vaterrolle nicht zu sehr in den Hintergrund rückt. Es ist mir – so meine eigene Einschätzung – auch gut gelungen. Ich war in der letzten Phase als Parteichef aber in diesem Punkt auf einem kritischen Pfad. Ich erinnere mich noch an eine Familienkonferenz während unseres Urlaubs 2017 am Gardasee in Italien. Ich wollte dort meine Vaterrolle besprechen, da kam von unserer damals Siebenjährigen der Satz: „Papa, du hast keine Nerven für uns!“

Die Neunjährige nickte und die Elfjährige, die sehr einfühlsam ist, sagte: „Das war aber nicht immer so!“ In den letzten zwei Jahren in der Politik – warum auch immer – hatte ich Nerven abgebaut. Wahrscheinlich hatte ich so lange von einem „Konto“ abgehoben, bis dieses leer war.

Diese Rückmeldungen unserer Kinder beschäftigten mich in Folge über Monate. Eine Lösung kam, als ich realisierte, dass meine Aufgabe als Parteigründer bald erfolgreich abgeschlossen sein würde. Denn die Herausforderung war, gemeinsam mit Mitstreitern für unsere Republik eine neue politische Kraft der Mitte zu stiften. Diese Lebensabschnittsmission war durch die letzten Wahlerfolge nach nunmehr knapp sieben Jahren erfüllt, die erste Start-up-Phase erfolgreich abgeschlossen. Ich würde als Vorsitzender nun gut ersetzbar sein. Bei dieser Erkenntnis zeigte sofort die Vaterrolle bei mir auf und reklamierte: „Dort als Parteigründer hast du deine Aufgabe erledigt. Es gibt eine gute Nachfolge. Hier für die Vaterrolle aber nicht. Hier bist *du* gefordert.“ So war es auch. Ich bewegte mich entschlossen in Entscheidungen. Heute kann ich mich meiner anderen Berufung, der als Papa, in jener Intensität widmen, die unser Familiensystem aktuell braucht, damit es rund läuft.

„Aufhören können, das ist nicht eine Schwäche, das ist eine Stärke“, flüsterte mir die Lyrikerin Ingeborg Bachmann in diesen Monaten des Abschieds zu und bestärkte mich.

Ich war nicht bereit, mich der Politik als einer Droge hinzugeben. Dass ich mich dem entziehen konnte, dafür bin ich dankbar. Denn natürlich ist Politik ein Bühnenberuf: Applaus ist schön. Aber Applaus ist potenziell auch Koks für die Seele. Daher sind Bühnenberufe für große Egos ziemlich riskant. Sie laufen nämlich Gefahr, in der Selbstzerstörung zu enden, weil sie die Bühne als Ersatztherapie missbrauchen. Der Drang nach Rampenlicht und Beifall kann unbeherrschbar werden. Man kann in die Sucht abgleiten. Die physiologische Erklärung ist einfach: „Jeder Mensch strebt nach einer Erhöhung seines Glückshormonpegels. Dafür ist im menschlichen Gehirn das sogenannte Belohnungssystem zuständig. Es regelt die Ausschüttung von Endorphinen. Dieses neuronale System ist, wenn Sie so wollen, das Bindeglied zwischen Sex, Drogen und Rock 'n' Roll – alles drei Aktivitäten, die unmittelbar glücklich machen", so der Psychiater und Celebrity-Experte Borwin Bandelow in einem Interview mit dem deutschen Magazin „Der Spiegel".

Ich habe dieses Phänomen in meinem 2011 erschienenen Buch „Warum wir Politikern nicht trauen … und was sie tun müss(t)en, damit sich das ändert" detailliert beschrieben. Spitzenpolitiker werden potenziell mit Endorphinen überschüttet. Die politische Bühne schenkt Aufmerksamkeit. Letztere ist eine Form von Ersatzliebe. Und Liebe ist eben ein Grundbedürfnis unserer Seele, gleichsam unser Treibstoff. Da kann man schon mal auf die Idee kommen, sich eine tägliche Portion „Ersatzbenzin" zu besorgen. Überspitzt formuliert: Das Berufsbild Spitzenpolitiker ist die Verheißung einer Rock-Karriere auch für solche, die nicht singen können.

Natürlich habe ich in der Politik auch die *wahrhaftige* Liebe erlebt und beobachtet. Es ist für mich immer wieder ein großartiges Ereignis, wenn Menschen sich mit Herz und Hirn ihren sachlichen Leidenschaften hingeben, wirksam werden, Gutes tun. Dennoch sind selbst wahrhaftige und gut geerdete Politiker immer wieder gefährdet, in die Abhängigkeit zu rutschen.

Politische Spitzenfunktionen sind Eintrittskarten in diverse VIP-Zirkel. Diese Sondertickets wollen stets verlängert werden.

Wer einmal VIP ist, verabschiedet sich ungern von diesem privilegierten Status. Zudem weckt die Betörung durch Reizüberflutung den Durst nach immer stärkeren Impulsen. Auch die mediale Präsenz verlangt nach Verlängerung. „The show must go on“: Wer gestern in der Zeitung war, ist morgen schon vergessen.

Eine besondere Herausforderung im politischen Alltag ist auch die permanente Verfügbarkeit, die einem das Gefühl großer Wichtigkeit vermittelt. Dafür nimmt man die ungesunde Beschleunigung der Tretmühle mitunter in Kauf. Dennoch ist das Amt des Spitzenpolitikers zu guter Letzt ein einsames. Von vielen Menschen umgeben, ist man am Ende eines Tages und in den Stunden der Entscheidungen oder Häme oft allein. Die Einsamkeit der Macht ruft nach Ersatzbefriedigung des Bedürfnisses nach Nähe. Silvio Berlusconi lieferte hier eine skandalöse Fallstudie: Der damals bereits 72-jährige Ministerpräsident hatte ein Verhältnis mit einer 18-Jährigen. Als dieses aufflog, kommentierte die junge Frau dies mit den Worten: „Keiner versteht, wie sensibel Papi ist.“ Auch wenn wir nicht in die Beziehung „hineinschauen“ können, so zeigt sich hier eine beklemmende Form der Bedürftigkeit, die sich hinter den großen Gesten und der polierten Fassade eines Regierungschefs versteckte. Und es ist wohl ein klarer Fall von Machtmissbrauch.

Sein, nicht müssen

Ulrich Kasparick, früherer Parlamentarischer Staatssekretär in Berlin, präsentierte 2010 sein Buch „Notbremse. Ein Politikjunkie entdeckt die Stille“. Darin schildert er unter anderem seine Beschäftigung mit dem Loslassen. Auf die Frage, wie schwierig es sei, von der Droge Politik wegzukommen, meint er: „Die Entzugserscheinungen sind wirklich wie bei einem Junkie. Nicht nur, weil er merkt, dass ihm etwas fehlt, sondern weil er unruhig wird, nichts mehr mit sich anzufangen weiß, ewig hin und her läuft." Auf die Frage, ob er sich eine Rückkehr in die Politik vorstellen könne, antwortet Kasparick: „Für mich gehört zu den ernüchternden Erfahrungen des Sabbaticals, dass der Junkie ein Junkie bleibt. Das ist wie bei einem Drogenabhängigen: Man kann nicht einfach eine Pille nehmen und die Sucht ist vergessen. Ich weiß, dass ich ein politisch interessierter Mensch bleiben und mich auch weiterhin einmischen werde. Es gibt jedoch einen Unterschied: Mittlerweile habe ich erkannt, dass das eben nur ein Teil von mir ist. Ich lasse mich davon nicht mehr dominieren." Ein Resümee, das auch Roland Koch bei seinem Abschied als hessischer Ministerpräsident zog: „Politik ist ein faszinierender Teil meines Lebens, aber Politik ist nicht mein Leben."

Das halte ich für einen wichtigen Punkt. Wir verkörpern eine Berufung, aber wir sind als menschliches Wesen so vielschichtig, dass wir uns darin nicht erschöpfen; und auch nicht erschöpfen dürfen.

Unsere Identität hat immer mehrere Schichten, und in unserem Leben sind wir in vielfältige Rollen gebunden.

So finde ich es immer spannend, öffentlich bekannte Personen kennenzulernen und plötzlich private Seiten dieser Menschen zu entdecken, waren sie doch davor in meiner Wahrnehmung ganz und gar durch ihre öffentliche Rolle oder Aufgabe definiert. Scheibchenweise wird klar, dass die Spitzenmanagerin auch Mutter ist, oder der Regierungschef auch schwuler Ehemann. Beide sind sie Nachbar/in, Konsument/in, Steuerzahler/in, haben Hobbys, Freunde und Alltagssorgen. Und all das ist gut so. Es kann und soll nicht anders sein. Selbst die größte Berufung kann und darf uns nicht ganz und gar absorbieren, sonst landen wir eben in der Erschöpfung. Dann wären wir in der krankhaften

Überhöhung angekommen. Auch hier hilft die weise Einsicht der alten Griechen. Dass das Orakel in Delphi die Suchenden mit der Inschrift „Erkenne dich selbst!“ empfangen hat, habe ich schon erwähnt. Daran sei stets erinnert, weil dieses bewusste Wahrnehmen viel Kraft und Wegweisung birgt. Aber auch die zweite Inschrift, die aus Delphi überliefert ist, gibt einen klaren Handlungsrahmen: „Alles in Maßen!“, soll der Aufruf gelautet haben.

Die griechischen Philosophen kannten die sogenannten „Techniken der Freiheit“. Die Beherrschung der Begierde ist eine davon. Die meisten Freiheitsüberlegungen tragen diesen Ansatz in sich: Der Obsession etwas entgegensetzen. Jeder Mensch, der einmal einer Sucht verfallen war, weiß, wie sehr einen diese Begierde beherrschen kann. Obwohl uns gerade Suchtmittel oft als besondere Symbole der Freiheit verkauft werden – von der Zigarettenwerbung bis hin zum Alkohol. Aber erst die Beherrschung der Begierde schenkt uns die Freiheit der Lust am Genuss. Es geht darum, ab und zu nachgeben zu können, ohne gleich das „Ich muss“ auf den Plan zu rufen.

Es geht um das Sein, nicht um das Müssen.

Nach meinen Ayurveda-Wochen im südindischen Kerala kam ich für zwei Tage an den Strand von Goa. Ich war noch nie zuvor dort gewesen und wollte den Mythos Goa zumindest mit einer Kurzvisite vermessen. Zwar wählte ich den ruhigeren Südteil des kleinen Bundesstaates, aber natürlich wartete nach den zwei Wochen der Askese auch dort ein ganzer Reigen an Verführungen auf mich. Nach 14 Tagen veganer Schonkost landete ich schon nach wenigen Stunden bei einer großen Portion Reis mit Garnelen und sechs Stunden später bei Fisch und Huhn. Was für ein Genuss! Vor diesem Abendessen setzte ich mich in eine Bar und beobachtete das Geschehen. Jenseits des vorsichtigen, schrittweisen Aufbaus einer achtsamen Ernährung beschloss ich, mir auf leeren Magen ein Bier zu gönnen. Zur Sicherheit nahm ich gleich das Kingfisher in der King-Size-Flasche und setzte mich damit an den Sandstrand. Nach dem ersten Schluck überkam mich die Lust nach einer Zigarette. Auch eine indische Marlboro war rasch organisiert. Sodann genoss ich beides in vollen Zügen und blinzelte froh in die Sonne. Die Synapsen in meinem Kopf spielten verrückt, ich war voller Entzückung. Jede heranrollende Welle zog mich kurz aufs Meer und legte mich dann wieder an den Strand. Ein Bier, eine Zigarette – mein ganz persönlicher Mini-Exzess in Goa. Damit war es dann auch erledigt. Ich war stolz, welch beachtliche Beherrschung und welch schöner Genuss mir möglich waren. Mein Ernährungsverhalten habe ich nach diesem Ayurveda-Aufenthalt übrigens bis heute umgestellt, was mir guttut und einen echten Gewinn an Lebensqualität gebracht hat.

Türen zum Selbst

In die Berufung zu gehen, verheißt also ein fülliges Leben, aber eben nicht Exzess.

Es bleibt beim Auftrag: Von nichts zu viel!

Gerade abenteuerlich gestimmte Persönlichkeiten haben die Tendenz, dem „Höher, Besser, Weiter“ nachzujagen. Der Begierde nach Intensität liegt natürlich die Gefahr der Obsession und der Überhöhung zugrunde. Solche Menschen sind dann verleitet, auch Berufung als etwas ganz Großes abzufeiern. Jedoch sind wir dazu eingeladen, das Vollkommene nicht nur im Ungewöhnlichen, sondern gerade auch im Alltäglichen zu finden. Es geht darum, zu sein und zu schaffen, anstatt zu müssen. Die Berufung kann damit auch in einem nach außen hin unspektakulären

Alltag wohnen. Mein Vatersein fällt ebenso in diese Kategorie wie das Leben meiner eigenen Mama. Sie hat ihre Berufung als Mutter und Bergbäuerin über Jahrzehnte mit großer Zufriedenheit gelebt.

Natürlich kann eine Berufung auch abreifen. Wenn die Kinder erwachsen sind, bleiben wir zwar Eltern, aber die Berufung wandelt ihr Wesen und verliert an Dichte. Wenn eine bestimmte Lebensetappe oder ein Lebensabschnittsthema zu einem Ende kommt, wartet womöglich eine neue Berufung auf uns. Wir sind eingeladen, erneut genau hinzuhören, was anklopft, und genau hinzuschauen, welche Türen sich zeigen – so wie wir es im Kapitel zur Schichtung (3), „Wie ich mich mit meiner Berufung verbinde“, im Detail besprochen haben.

Für jeden von uns werden sich andere Eintrittspforten zeigen. Unsere körperlichen Wahrnehmungen, unsere Gefühle, unsere Träume, unsere Sehnsüchte, die Natur, die Stille, tiefe Begegnungen und Synchronizitäten aller Art können uns wichtige Hinweisgeber sein. Wenn wir mit offenem Geist, offenem Herzen und offenem Willen unterwegs sind, werden wir unsere ganz persönlichen Türen erkennen.

Die Ethnologin und Psychologin Clarissa Pinkola Estés ist davon überzeugt, dass es uns stark, gesund, kreativ und glücklich macht, wenn wir die Wurzeln der eigenen instinktiven Natur kultivieren. Mit „Die Wolfsfrau“ hat sie dazu einen Weltbestseller geschrieben, in dem sie rund 20 Mythen, Märchen und Geschichten aus den verschiedenen Kulturkreisen dieser Welt erzählt. Sie plädiert dafür, dass Frauen zu ihren intuitiven Eigenschaften zurückfinden mögen. Ich denke, grundsätzlich gilt Selbiges auch für Männer. Pinkola Estés meint: „Die Türen zur Welt des wilden Selbst sind nicht zahlreich, aber kostbar. Wenn du eine tiefe Narbe hast, dann ist das eine Tür. Wenn du einer alten, alten Geschichte begegnest, das ist eine Tür. Wenn du den Himmel und das Meer so sehr liebst, dass es dir fast das Herz auseinandersprengt, ist das eine Tür. Wenn du dich nach einem tieferen Leben, einem fülligen Leben, einem gesunden Leben sehnst, dann ist das eine Tür."

Es ist kein Entweder-Oder, sondern unsere Seele hat eine Vielfalt von Möglichkeiten, um mit uns zu kommunizieren. Es liegt an uns, die individuellen Wahrnehmungskanäle kennenzulernen und zu verstehen.

Insbesondere ist es wichtig, die Unterscheidung vornehmen zu können, was wirklich aus der Essenz des Inneren Ortes kommt und was vom eitlen Ego getrieben ist.

So können wir zuversichtlich von einem Feld zum nächsten ziehen. Und während wir diesen „goldenen Faden" halten, können wir darauf vertrauen, dass wir weiter in die Entfaltung wachsen.

Ich bin als „Gärtner des Lebens" entschlossen einige Felder weitergegangen. „Wer Freiheit hat und ist ihrer würdig, der fragt: Wozu habe ich Freiheit? Und ruht nicht, bis er erkennt, welche Frucht sie bringt. Die Frucht aber der Freiheit ist eine: das Rechte zu tun", sei hier Hugo von Hofmannsthal einmal mehr zitiert. „Den Faden werde ich nicht loslassen", das nahm ich vor, als ich bemerkt hatte, dass es an der Zeit war, Abschied von der Politik zu nehmen. Dieser Faden hat mich in jene Verkörperung geführt, die ich heute bin.

War es über einige Monate unklar, was ich nun manifestieren würde, so kristallisierte sich das im Laufe der Zeit und in der Tiefe der Auseinandersetzung mit meinem Wesen immer klarer heraus. „Ich bin Autor und TV-Schaffender", hörte ich mich damals am dritten Abend in Athreya während meines Ayurveda-Aufenthalts sagen. Damals bin ich von der Primärschichtung (4) in die Primärschichtung (5) gekippt. Heute bin ich nach wie vor dabei, in diesem neuen Verkörpern anzukommen. Die Übernahme von Verantwortungen und Geschäftsanteilen in unserem Start-up „story.one“ beschäftigt mich in diesen Monaten und schickt mich nochmals in Rückwärtsschleifen durch sämtliche Schichtungen. Doch auch hier habe ich den Eindruck, stimmig ins Verkörpern zu wachsen. Was die nächsten Jahre darüber hinaus bringen werden, darauf bin ich gespannt.

Die Übergänge sind oft fließend. Manchmal ist man stärker im Loslassen, dann braucht es wieder Sequenzen des Bewusst-Werdens, dann regiert das „blutige“ Ausprobieren – und schließlich kommt man an. „Am Ende wird alles gut. Und wenn es noch nicht gut ist, dann ist es noch nicht das Ende“, meinte Oscar Wilde. Auch das ist eine hilfreiche Leitlinie.

Unser Leben ist ein immerwährender Prozess des Seins und Werdens. Hin zur Reife!

Und das Wichtigste?

Wie eingangs erwähnt ist das Modell der „High-Five der persönlichen Entfaltung“ ein idealtypisches. Das echte Leben ist komplexer, im wahrsten Sinne des Wortes vielschichtiger.

Wir sollten Modelle als Krücken verstehen, die uns dabei helfen, gute Schritte weiterzukommen.

Wir sollten uns nicht an sie klammern, aber sie gelegentlich benutzen, um im Fluss des Lebens bewusst eine Vorwärtsbewegung zu machen.

Die unendliche Acht und die Matrjoschka

Wenn du die „High-Five“ auf dein Leben anwendest und sie hierbei ihre Kraft entfalten, bleibt es wichtig, die Logik der Schichtungen immer integral zu denken. Im Loslassen liegt stets auch ein Bewusst-Werden, das Verbinden mit der persönlichen Berufung bedingt immer auch ein Wahrnehmen und Freigeben, das Form-Geben integriert immer das Bewusst-Werden, das Loslassen und das Verbunden-Sein mit deinem Inneren Ort. Auch im vollumfänglichen Verkörpern bleibt es wichtig, gut „integriert zu laufen“, sonst besteht die Gefahr, dass sich das Performing zur seelenlosen Betriebsamkeit oder gierigen Obsession verwächst.

Viele der bisherigen Schilderungen aus dem echten Leben legen nahe, dass das Modell natürlich auch als querliegende Acht denkbar ist, sich unendlich wiederholt im Dasein der Menschen auf diesem Planeten. Wenn ein fünfschichtiger Zyklus abgeschlossen ist, dann folgt der nächste. Auch wird es immer wieder vorkommen, dass wir aus unserer Performanz herausfallen. Dann macht es Sinn, bewusst in eine Rückwärtsschleife zu gehen, um temporär in einer anderen Primärschichtung mehr Klarheit und Kraft zu tanken.

Hilfreich kann es auch sein, das Modell in sich gestaffelt zu denken – wie eine Matrjoschka, die russische Schachtelpuppe, die viele kleinere Versionen ihrer selbst im Bauch trägt. Es gibt auch Minivarianten: Sich neu zu finden, heißt nicht immer gleich, alles loszulassen und aus sämtlichen Rollen und Aufgaben herauszutreten.

Man kann sich auch in einer aktuellen Rolle, Aufgabe oder Tätigkeit neu definieren. Wenn du nach einer Woche Auszeit munter und gestärkt an den bisherigen Ort deines Werkens zurückkehrst, ist es trotzdem möglich, dich in deinem Sein und Tun auf ein nächstes Level zu schwingen: Die Mutter oder der Vater kommt nach Hause und ist wieder auf Posten – aber möglicherweise in einer anderen Qualität. Du bist als Mitarbeiter oder Führungskraft in derselben Funktion, aber du bist nicht mehr der „Alte". Es ist dir etwas bewusst geworden, du hast etwas losgelassen, du hast dich in deiner Verbindung mit deiner Berufung neu gekräftigt. Menschen in deinem Umfeld werden, wenn sie ein Sensorium dafür haben, das anhand deiner Wirkung bald bemerken.

Geh in Liebe!

„Ich finde dieses High-Five-Modell gut und wende es auch schon auf mein Leben an. Aber sag mir, was ist das Wichtigste?", fragte mich ein Freund unlängst, nachdem ich ihm mein Manuskript zum Probelesen übergeben hatte. Ich dachte länger nach.

„Geh in Liebe!", ist meine Antwort. Es ist so vieles möglich, wenn es auf Liebe gegründet ist.

Die Liebe kommt als Familie – mit so vielen großartigen Kindern. Da sind beispielsweise das Vertrauen und das Mitgefühl, die

Wahrhaftigkeit und die Schönheit, die Achtsamkeit und die Dankbarkeit. Eine Freundin von mir hat für die letzte Adventzeit beschlossen, bewusst dankbar durch diese vier Wochen zu gehen. Sie hat sich einen „Danke-Adventkalender“ gebastelt, für jeden Tag einen Dank. Ein kleines und feines Ritual, das ihr täglich Kraft und einen frischen Blick auf den Tag spendete. Ich habe ihren Kalender vor mir liegen und darf zitieren: „Danke für die frisch verschneite Landschaft in der Früh, die nette Atmosphäre beim Adventkranzbinden, die Familientradition, eine Krippengeschichte zu lesen.“ So steht es für den ersten Tag. „Danke fürs gerade noch Erwischen von Bus und Straßenbahn in der Früh, fürs Geld-Borgen, liebe Sigrid, dass sich meine Mama so kurz nach der Gallenoperation schon wieder so fit fühlt, für die köstliche Suppe aus dem Dampfgarer.“ Das lese ich am zwölften Tag. „Danke an Emanuel, der beim Krippenspiel spontan die Rolle des Esels übernommen hat, für die leuchtenden Augen unserer Kinder beim Überreichen der Geschenke an uns, für das unbeschreibliche Gefühl, wenn eine Überraschung gelungen ist, an Harald für den Aufruf zum Danke sagen! Mir ist dieser Advent (dadurch?) freudiger und viel weniger hektisch vorgekommen. Ich werde weiterhin den Blick bewusst auf die kleinen Dinge im Alltag lenken.“ So schließt sie am 24. Dezember.

Es ist wunderbar, wenn wir so leicht „Good Vibes“ organisieren und verbreiten können. Jeden Morgen können wir selbst entscheiden, wie wir den Tag begrüßen. Jeden Abend können wir frei wählen, mit welchen Gefühlen wir aus dem Tag gehen. Was hat mir heute gutgetan? Wo hat mich die Liebe getragen, wo habe ich sie genährt? Was ist mir heute schwergefallen? Wo hat mich das Leben heute berührt oder beschenkt? Wie fühlt sich mein Körper an? Welche Stimmungen trage ich in mir? Es liegt an uns, worauf wir den Blick richten. Betrachten wir das abgeerntete Stoppelfeld oder die reiche Ernte in der Scheune unseres bisherigen Lebens? Hören wir das Zwitschern der Vögel oder sind wir dafür verschlossen? Sehen wir das Lächeln unseres Nachbarn und die Blumen am Wegrand oder eilen wir blind dahin?

Jeder von uns hat das Talent, ein Liebender zu sein oder zu werden.

Manche mögen das als große Herausforderung sehen. Aber alles, was uns herausfordert, ist eine Einladung zum Wachsen. Wenn wir in Liebe gehen, dann sind wir leidenschaftliche Akteure im evolutionären Prozess des Werdens. Wir können uns dann mit voller Kraft im Hier und Jetzt engagieren und sind gleichzeitig fähig loszulassen, um Neues anzupacken, wenn die Zeit dafür gekommen ist.

Als ich in Goa in der Abenddämmerung am Strand entlangjoggte, hörte ich aus einem Innenhof Gitarrenmusik und Gesang. Auf leisen Sohlen schlich ich hinein und setze mich in eine Runde von Menschen, die für mehr als zehn Minuten dasselbe Mantra sangen. „I am love, endless love, never ending love. You are love, endless love, never ending love. We are love, endless love, never ending love.“ Ich musste grinsen, saß ich doch nun wirklich inmitten eines geradezu stereotypen Goa-Bildes: auf der Terrasse eines Bambushauses zwischen den Palmen, mitten drinnen Elise aus England mit ihren blondwallenden Locken im Kerzenschein und ihrer Engelsstimme. Und dennoch, nein, kein Hippie-Shit. Es berührte mich tief und stimmte mich freudvoll.

Liebe ist nicht nur ein Geschenk, sie ist auch eine Kulturtechnik.

Die Liebe geht damit weit über das hinaus, was wir als Basis von Paarbeziehungen idealisieren. Liebe meint eine Haltung der

Zuwendung und des Interessiertseins, aber auch des Mitfühlens und Versorgenwollens. Das bedeutet aber auch, dass ich den Mut haben muss, mich den Gefühlen anderer Menschen auszusetzen. Liebe beinhaltet den Respekt für das Gegenüber, das Anerkennen des Seins des anderen und die Achtung vor dem Weg, den er bereits gegangen ist.

Eine weitere Dimension der Liebe ist die Verantwortung. Die anlässlich von Hochzeiten gerne verlesene Textstelle aus dem Buch „Der kleine Prinz“ von Antoine de Saint-Exupéry bringt es auf den Punkt: „Du bist zeitlebens für das verantwortlich, was du dir vertraut gemacht hast.“ Dies weist auf den besonderen Bund hin, den man eingeht, wenn man sich in Liebe begegnet. Ich muss mir der Bedeutung meines Handelns für den anderen bewusst sein und in entsprechende Aushandlungsprozesse gehen.

Ein mitunter unterbelichteter Aspekt der Liebe besteht darin, dass sie Basis für Erkenntnis ist. Die Liebe öffnet uns die Augen, sie lässt wahrnehmen und erkennen, was ohne Liebe mitunter nicht erkannt werden kann. Sie ist die wohl größte Inspiration, die der Mensch kennt.

Begegne ich der Welt in Liebe, wird Erkenntnis, Kreativität und Innovation folgen.

Liebe wird somit zur unerschöpflichen Quelle von Lebendigkeit.

Geh in Verbundenheit!

Liebe heißt, verbunden zu sein. Eine Haltung der Verbundenheit zu kultivieren, ist ein steter Prozess. Natürlich wird es uns nicht immer gleich gut gelingen, aber auch hier haben wir jeden Tag unzählige neue Chancen. Aus dem Gefühl des Verbundenseins mit sich selbst, mit der Natur, mit anderen Menschen oder mit der eigenen Arbeit erwachsen Achtsamkeit, Wertschätzung, aufmerksames und nachhaltiges Handeln. Wer mit Menschen verbunden ist, wird einen offenen, respektvollen, wertschätzenden, potenzialorientierten und solidarischen Umgang miteinander anstreben. Wer sich mit einer Arbeit verbindet, die er als sinnvoll empfindet, wird mit Freude belohnt. Es werden sich neue Zugänge zu den eigenen Talenten und Potenzialen entfalten. Dieses Verständnis von Arbeit bezieht sich nicht nur auf klassische Erwerbsarbeit, sondern beispielsweise auch auf das Engagement in der Familie, in der Freizeit, in Politik und Gesellschaft, in Kunst und Kultur. Wer Verbundenheit im Wirtschaftsleben kultiviert, der wird erkennen, dass Kooperation und Wettbewerb einander brauchen. Sie öffnen ein Spannungsfeld, das Energie erzeugt.

Wettbewerb ist Teil der Natur, auch Teil der menschlichen Natur. Ebenso wie Kooperation. Konkurrenz soll für die Menschen nicht die Idee der Vernichtung des anderen in sich tragen. Ganz im Gegenteil. Konkurrenz ist Ausdruck von Vitalität in einer endlichen Welt. Es geht darum, sich im Austausch bewähren zu wollen. Wenn wir Wettbewerb so anlegen, dass es allein darum geht, Erster zu werden, kann dies leicht in destruktive Dynamiken abgleiten. In Konkurrenzsystemen sollte daher die Leistung belohnt werden und nicht primär der Rang, den man erringt. Doch dazu ist es notwendig, eine Vorstellung davon zu haben, welche Leistungen man erhofft. Man muss sich wirklich mit Inhalten auseinandersetzen, Vorstellungen haben, wohin es eigentlich gehen soll, was man erreichen will. Gewinnen soll nicht zum Selbstzweck verkommen. Der alleinige Fokus auf das Siegen ist eine Art Abkürzung des evolutionären Konzepts des Wettbewerbs, der bei kurzfristigem Einsatz Dynamik in die Situation bringt. Bei langfristiger Anwendung provoziert er destruktive Phänomene, die zu einer inhaltlichen Entleerung führen können.

Konstruktive Konkurrenz braucht so etwas wie ein höheres verbindendes Moment, eine gemeinsame Absicht, eine handlungsleitende Vision, der sie dient. Umgelegt auf unser Wirtschaftssystem bedeutet das: Wenn nicht sonnenklar ist, dass die Wirtschaft *für* den Menschen da ist – und nicht umgekehrt – und sie sich seiner Lebendigkeit und Freiheit zu verpflichten hat, gleiten wir in eine destruktive Form von Konkurrenz.

Wunder geschehen

Dieses Buch ist über weite Strecken dem Menschen als Individuum, der sich weiterentwickeln möchte, gewidmet. Dies aber stets in dem Bewusstsein, dass wir soziale Wesen und Teil einer Einheit sind. Wir sind gleichsam eine integrale Funktion des Universums.

Jeder von uns ist einzigartig *und* Teil eines großen Ganzen.

Wir sind als Menschen aufgerufen und eingeladen, das Bewusstsein zu weiten und die Arme weit auszubreiten. Wenn wir in die Liebe und die Verbundenheit gehen, dann passieren Wunder. Für jene, die nicht an Wunder glauben, hier eine Annäherung via Albert Einstein.

Im Jahr 1950 bekam Einstein einen Brief von einem Rabbi, der eine seiner beiden Töchter bei einem Unfall verloren hatte. Der Rabbi fragte, welche Weisheit er seiner verbleibenden Tochter anbieten könne, die um ihre Schwester trauere. Einstein schrieb:

> *„Wie alle Wesen ist der Mensch Teil des Ganzen, das wir ‚Universum' nennen, und rein äußerlich betrachtet von Raum und Zeit begrenzt. Er erfährt sich, seine Gedanken*

> *und Gefühle als etwas, das ihn von den anderen trennt, aber dies ist eine Art optischer Täuschung des Bewusstseins. Diese Täuschung ist wie ein Gefängnis, das unsere eigenen Wünsche und unsere Zuneigung auf einige wenige Menschen beschränkt, mit denen wir näher zu tun haben. Unsere eigentliche Aufgabe besteht darin, uns aus diesem Gefängnis zu befreien, indem wir den Kreis unseres Mitgefühls und unserer Fürsorge auf alle Wesen und die Natur in ihrer ganzen Schönheit gleichermaßen ausdehnen. Auch wenn uns dies nicht vollständig gelingt, so ist doch bereits das Streben nach diesem Ziel ein Teil der Befreiung und die Grundlage für das Erlangen inneren Gleichgewichts."*

Bewusstsein erzeugt Realität, darin ist sich die Quantenphysik heute sicher. Wenn dem so ist, dann erzeugt ein (neues) Bewusstsein davon, dass wir auf diesem Planeten alle verbunden sind, *neue Realitäten*, etwas, das wir in Zeiten wie diesen als Menschen und als Menschheit dringender brauchen denn je. Unsere wissenschaftlichen Entdeckungen und technologischen Entwicklungen tragen uns weit und schnell. Wenn wir nicht in einer desaströsen Abspaltung und Entfremdung landen wollen, gilt es, unser Bewusstsein und unsere Herzensweisheit ebenso weit und schnell zu entwickeln.

Dass die *Verbundenheit* eine *conditio humana* – eine Grundbedingung unseres menschlichen Daseins auf diesem Planeten – ist, war großen Geistern zu jeder Zeit bewusst. Buddha hat es gelehrt. Jesus hat es gepredigt. Der deutsche Psychologe und Kommunikationswissenschaftler Friedemann Schulz von Thun formuliert die Verbundenheit als eines der vier seelischen Grundbedürfnisse – neben dem Empfinden von Eigenwert, einem ausreichenden Grad an Freiheit und dem Bedürfnis, geliebt zu werden.

Womit wir wieder bei der Seele angelangt sind und am Ende unserer gemeinsamen Reise, die wahrscheinlich schon längst begonnen hat, bevor du dieses Buch in die Hand genommen hast. Etwas wächst in dir, das uns zusammengeführt hat. Wir sind auf sichtbare oder unsichtbare Weise miteinander verbunden. Sonst hätte dieses Buch nicht zu dir gefunden. „Alles kommt zu dir. Sei aufmerksam, sei wachsam. Entscheide." So steht es in meinem Lied des Lebens.

Was steht in deinem?

Liebe Leserin, lieber Leser!
Hat Ihnen dieses Buch gefallen?
Wollen Sie weitere Informationen zum Thema?
Möchten Sie mit dem Autor in Kontakt treten?
Wir freuen uns auf Austausch und Anregung!

Christian Brandstätter Verlag GmbH & Co KG
Wickenburggasse 26
1080 Wien
E-Mail: leserbrief@brandstaetterverlag.com
Tel: (0043) 1 5121543256

Wir sagen Danke.
Bleiben wir in Verbindung!

Lassen Sie sich inspirieren!
Gute Geschichten, schöne Geschenkideen auf
www.brandstaetterverlag.com

TEILEN MACHT GLÜCKLICH
strolz.eu
#pilotdeslebens
#fluegelheben
#erfindedichneu

3. Auflage 2019

Designed in Austria, printed in Austria.

ISBN 978-3-7106-0365-5

Covergestaltung: Peter Manfredini
Coverfoto: Ingo Pertramer
Satz: Burghard List
Grafik: Caroline Plank-Bachselten, Bureau Blank
Redaktion: Anatol Vitouch
Korrektorat: Anna Morawetz
Projektleitung Brandstätter Verlag: Ulli Steinwender

HIN
ZUR
REIFE